那些电影教我的事

LESSONS from MOVIES

先替自己勇敢一次，
再为对方坚强一次！

水九　水某　著

四川科学技术出版社

目录

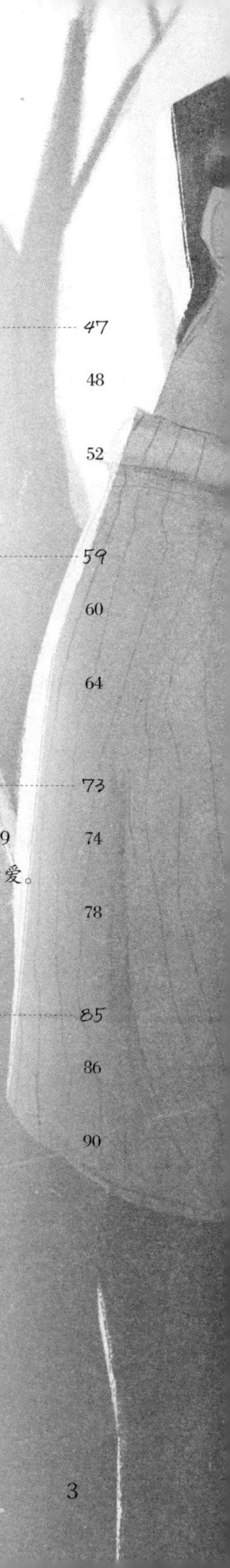

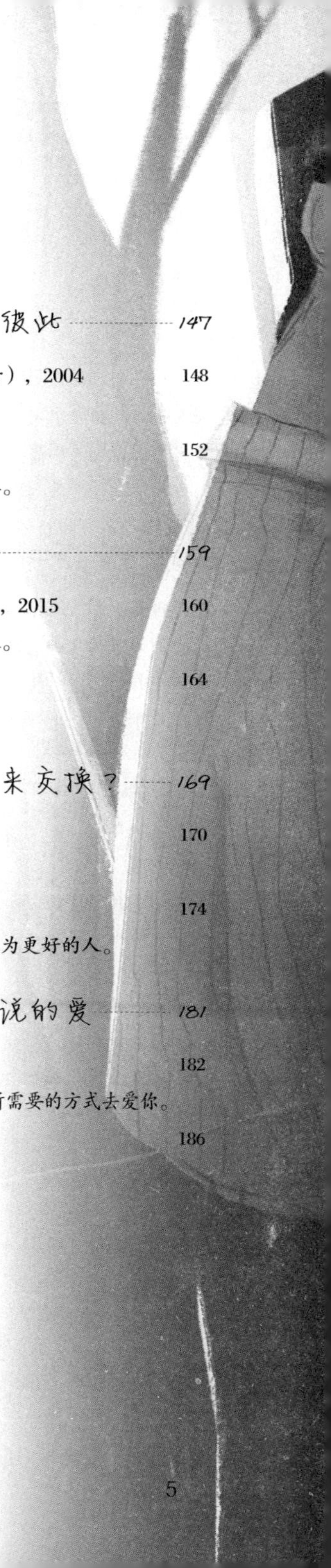

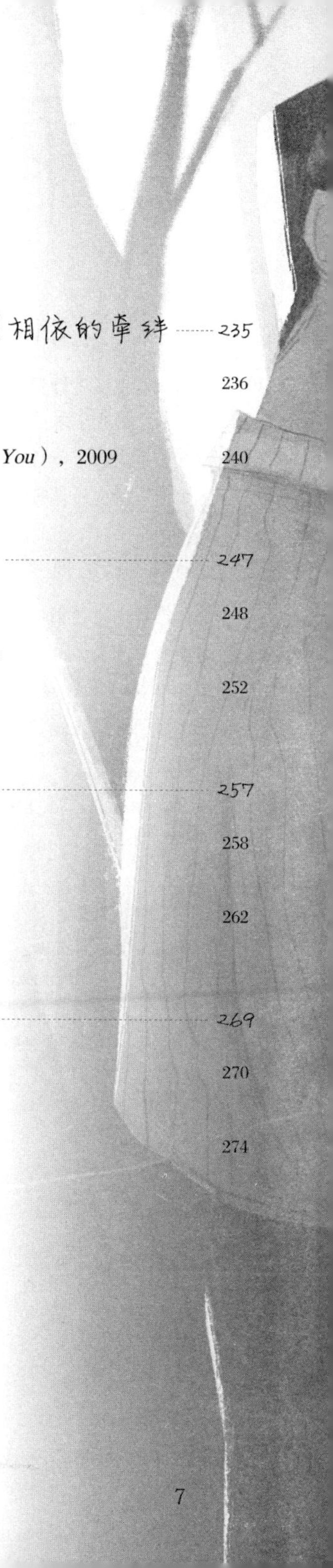

序

从 2012 年粉丝团成立以来，我们两人就以“水尢”“水某”的身份在网上与大家分享一部部让我们深受感动和启发的电影。虽然不是刻意营造恩爱形象，但感情的确很好的我们，偶尔也会通过两人平日的对话放个电，或是在受邀演讲时分享一些我们的故事。

与天下所有伴侣一样，我们的相处包含了各式各样的互动，有关心、有依赖、有热情，当然也常有摩擦。每看到电影中的某个情节呼应了我们之间的某种互动时，都会让我们莞尔一笑。

在看《西雅图未眠夜》（*Sleepless in Seattle*）时就会想到我们长达两年半、分隔三个国家的那段远距离的恋爱，看到《恋恋笔记本》（*The Notebook*）时会忍不住想要跟对方斗个嘴，还有，看到《飞屋环游记》（*Up*）时会因为想象对方不在了而红了眼眶。

这些隽永的爱情电影除了呈现浪漫剧情，更通过剧中角色的故事，告诉我们在各种爱情里应该学会的课题。所以当我们陆续接到一些读者在感情上遇到的疑难杂症时，也开始试着从这些电影里寻求灵感和解答。

除了电影本身能够帮助我们对于“爱情”有更深一层的认识之外，我们也发现，**一部电影常常会因为我们两人观点的不同，而使我们产生不一样的心得。种种分歧，除了看似男女有别，人生经历、价值观、对爱情的看法与憧憬等皆影响了我们各自的观点。**例如，水某总是为了《傲慢与偏见》（*Pride and Prejudice*）里的达西先生（Mr. Darcy，马修·麦克费登饰）而倾倒，但水尢却不这么看达西与伊丽莎白（Lizzie，凯拉·奈特莉饰）的浪漫爱情。

而一直以来我们粉丝团的文章也希望能提供多元观点，所以往往一部电影能有不同层次的心得，即便是经典电影都能让读者耳目一新。

不同观点的探讨与辩证很花时间、精力，因为要放下己见，真正地倾听和理解他人，并认同有“不同”的存在，需要包容心与耐心。生活琐事睁一只眼闭一只眼也就算了，但价值观的分歧并不容易理性讨论，很容易变成贴标签分类、二分法简化结论，有伴侣的读者应该也有过这样的经验。

然而，这样的探讨与辩证也是很有趣的，因为这一过程中可以看到对方价值观养成的脉络与背后的成因，不仅能学习体谅对方的立场，还能有助于自己更加全面地看问题，逐渐养成同理心与换位思考的习惯，相信这也能有助于社会弭平争端、融合多元文化的普世价值吧。

当然，实际一点，伴侣间也会更加恩爱啦！

所以在这本书里我们除了**想要专注“爱情”这个主题之外，同时也会用我们两人对于同一问题的不同或相同看法来推荐不一样的两部电影，不仅意欲落实这个粉丝团创立的使命，也希望读者在遇到各种难关时，能从多元观点中找到最适合自己的答案，把握自己的幸福。**

水九　水某

“幸福”对你来说，
到底是什么？

01 “幸福”对你来说，到底是什么？

当我们开始以电影推荐的方式回答读者的来信提问时，我们发现：很多问题的根本，是源自于读者们“不知道自己要的是什么”。我们或许会想，在爱情里汲汲营营追求的，不就是“幸福”两个字吗？这两个字看似简单，可每个人对于“幸福”的定义都不同，当然得到幸福的方法也就不同了。所以，在找出自己可以得到幸福的方法之前，得要先思考这个问题。

水某推荐电影

《迷失东京》（*Lost in Translation*），2003

我们总是在寻找，

却往往不知道寻找的是什么。

Life is a search; but often we don't know what we are looking for.

以性感美艳著称的女演员斯嘉丽·约翰逊（Scarlett Johansson）在这部早期的作品中饰演一位清纯可人的少妇夏洛特（Charlotte）。因为丈夫摄影工作的关系，她陪着来到了日本，但是丈夫总是忙于工作，常常把夏洛特一个人留在饭店，她只好每天一个人在东京各地游荡。一天，她遇到了同样来自美国到日本拍摄广告的电影明星鲍伯（Bob，比尔·莫瑞饰）。两人一见如故成了好朋友，在这个一切都格格不入的异乡，最熟悉的反而是互为陌生人的彼此。

夏洛特和鲍伯的相遇，让两个孤单的人看似不再寂寞，但即便夜夜笙歌，却只能暂时排解心里的孤寂。某个晚上，狂欢之后的他们回到饭店，一阵阵空虚再度涌上心头的两人并肩躺在床上，开始分享自己深藏的心事。鲍伯虽然看似人生经验丰富，但当他试着诚实面对自己时的那种困惑，并不亚于年轻的夏洛特。最后鲍伯说了：**“当你越了解自己，与自己想要什么，就越不会轻易感到沮丧。”**（The more you know who you are, and what you want, the less you let things upset you.）

和一般的爱情电影不同，这部影片中的男女主角并没有俗套地发展出浪漫的爱情，因为两人的差距，也因为两个人的相似之处，引出两人在感情上各自的认知与缺陷。在电影中，夏洛特和鲍伯不是没有机会发生超友谊的关系，然而，两人在心灵上的慰藉，超越了肉体上的刺激，最后两人在东京街头的拥抱吻别，画上最美好的句点。

水某说：每个人对于幸福的定义都不同，所以没有什么秘诀或公式是适用于所有人的。

如果你想要找到属于你的答案，就需要先对自己有更深一层的了解，否则就算你看了再多别人的案例、听过再多别人的建议，你还是没办法找到幸福的答案。

就像这部电影里，一开始夏洛特以为自己只要陪在丈夫身边就是幸福，然后当自己被丈夫冷落了，她就退一步，以为“有人陪伴”就是幸福。事实上，就算她有鲍伯这个朋友陪她排解寂寞，她也清楚知道，两人总有一天要分开，自己的问题还是要靠自己才能解决。

这部电影最让我喜欢的，是剧本并没有让两人邂逅之后，就马上认定对方是真命天子／女，然后抛下一切与对方过着幸福快乐的人生。两个人的相遇，不过是让他们在无助的当下找到慰藉，然后通过心灵的交流，让自己重新回到自己的人生轨道上。

假设你也正对自己想要什么感到困惑，或许你需要的，只是一个能够看清楚自己的机会。当你了解自己之后，你就会发现自己不再那么轻易感到沮丧，或轻率地投入一段自以为是的爱情了。

《星尘》（*Stardust*），2007

很多东西你现在苦求不到，会在成熟之后不再想要。

Sometimes the best way to get over the things that you can't have right now is to simply grow up.

水九推荐电影

《27套礼服》（*27 Dresses*），2008

想要得到幸福，第一步就是相信自己也值得那样的幸福。

The first step towards happiness is to believe that you deserve to be happy too.

和全天下所有的女孩一样，珍（Jane，凯瑟琳·海格尔饰）最大的心愿就是能和心爱的人结婚，穿着美丽的礼服，在永生难忘的婚礼上和另一半共读誓词、互许终身。但命运似乎总是爱捉弄她，只让这个愿望实现了一半——珍参加过 27 场婚礼，但每次都只能以伴娘的身份，从旁边看着别人得到幸福。于是她的心愿，只能随着 27 套伴娘礼服深藏在衣柜中。

珍其实不是没有机会得到幸福，只是个性善良随和的她总替别人着想。当她即将参加的下一场婚礼，新娘新郎就是自己的妹妹和自己的老板兼心上人时，一个专门负责撰写婚礼报道的记者朋友凯文（Kevin，詹姆斯·麦斯登饰），不但替珍感到不平，也指出了珍心态上最大的问题：她不懂得把握机会，也不懂得“爱自己”。

然而，虽然凯文一直给珍中肯的建议，但他何尝不也是以旁观者的立场，看着一场场婚礼上演，记录他人的幸福，同样迟迟没有行动追求自己的幸福。后来珍发现她的真爱正是凯文，而再也不愿意让幸福擦肩而过，她勇敢地向凯文告白，也得到了正面的回应，于是珍终于如愿在自己的婚礼上，穿上了它——第 28 套礼服。

水尤说：有很多人在爱情中感到迷惘，只因为对自己不够了解。

有一些人虽然很清楚自己想要的幸福长什么样，却对于要怎样得到那样的幸福不得其门而入。

这部电影和水某推荐的《迷失东京》虽然切入的角度不同，但都点出了很多人在爱情里“不能诚实面对自己”的问题。

就像《27套礼服》里的珍一直都天真地以为，只要看着别人得到幸福，自己也就满足了。但这样的“大爱”不过是珍的自欺欺人罢了。事实上，珍很渴望得到自己的幸福，而专属于自己的幸福，除了靠自己去争取之外，没有其他方法可以抓得住。

在爱情里如果不做自己，被爱上的就不会是真正的你。

Always be yourself in a relationship; it's the only way to be loved for who you really are.

同场加映

《脑内中毒大作战》（*Poison Berry in My Brain*），2016

比爱上一个人更重要的，是喜欢爱上那个人时的自己。

There's no use loving someone if you can't love yourself at the same time.

02 心动可能只是一时之间

你是不是曾感觉自己和对方之间有许多共同之处，像是两人都喜欢吃同一种美食、喜欢上同一部电影，或是有着共同的嗜好，因此就认定对方是生命中的真命天子／女，很快地就一头栽了进去？后来，热情慢慢退去，才开始觉得，对方好像没有那么好，然后开始抱怨自己爱错了人。

然而，这是为什么？明明一开始两人就很合拍，怎么到后来感觉就不对了呢？

水某推荐电影

《无理之人》（*Irrational Man*），2015

喜欢一个人，请试着了解他；不要轻易地迷恋上你想象中的那个他。

If you like someone, do spend time understanding him. Don't fall in love with someone for who you think he is.

吉尔（Jill，艾玛·斯通饰）是一个热衷于哲学的女大学生，当她获悉知名的哲学教授卢卡斯（Lucas，杰昆·菲尼克斯饰）要来她所在的学校任教时，她感到无比兴奋和憧憬。即便卢卡斯在其他人眼中只是个爱酗酒、不修边幅的人，但在吉尔眼中的他却是学问渊博、独特的人。所以，当卢卡斯对于吉尔的观点和论文表示赞赏时，就让吉尔觉得备受肯定，并对卢卡斯产生了爱慕之情。

爱情会蒙蔽很多人的双眼，吉尔不只忽略了很多显而易见的事实，还下意识地美化了卢卡斯的缺点：神经质被解读成多愁善感，愤世嫉俗是潇洒不羁，放逐自己则成了自我探索。卢卡斯对当时的吉尔来说，只有“完美”两字可以形容。但后来当卢卡斯竟然为了在餐厅里邻桌客人的一段言论，计划了一场谋杀案，才终于给了吉尔一记当头棒喝，让她认清了卢卡斯几近疯狂的真面目。

吉尔的症状是不是让你有种似曾相识的感觉？试着回想看看，当你深深地喜欢一个人时，那人的一举一动是不是都充满了魅力，一颦一笑也都牵动着你的情绪？

事实是，不管你最后是否跟他或她在一起，过一段时间这些魂牵梦萦的事都会成为过去式，如果对方是你所爱，取而代之的就会是眷恋、关心，甚至是亲情；如果一切只是一时被爱冲昏了头，那当冲动、热情渐渐理智起来时，搞不好还会像吉尔一样，想不透当初自己怎么会喜欢上那样的人！

水某说：一个人之所以会被另一个人吸引，是因为对方身上有着让你欣赏，或是让你想要拥有的优点。

可能会让人产生情愫的因素有：英俊美丽的外表，幽默风趣的谈吐，甚至是洋溢的才华等，尤其是对方和你拥有类似的特点时，更有一种被肯定的感觉——原来，你喜欢的，对方也喜欢！但是，这些表面上吸引着你的契合点，却很容易误导你，导致你忽略了其他不同调的地方。

因此，当我们发现自己对一个人有好感时，首先要做的是后退一小步——也就是克制住自己的情感，先让理智做主！虽然，当爱情像大浪般来势汹汹，很难不被冲得晕头转向，但我们也要认清，心动只是一时，相处却是一辈子。

当你爱上的，只是你心目中的他，而不是真正的他，就可能是一段不如意感情的开端，往往导致失败的结果。而要真正认识一个人，就得试着了解他的一切，不管是优点，还是缺点，这样，你才不会被爱情的真实面貌给吓跑。

水九推荐电影

《我恨你的十件事》
（*10 Things I Hate About You*），1999

有两种人你应该好好珍惜：让你会想花时间了解的人，和愿意花时间了解你的人。

Two types of people you should always cherish: those who you want to understand, and those who are willing to spend time understanding you.

莎士比亚笔下有许多经典作品曾被拍成电影，这部青春洋溢的电影就是根据赫赫有名的喜剧《驯悍记》（*The Taming of the Shrew*）改编而成。故事叙述一对家教很严的姐妹，被爸爸严格管束着不准交男朋友。在年轻活泼的妹妹比安卡（Bianca，拉丽莎·奥蕾尼克饰）的央求之下，爸爸同意妹妹可以交男友，但前提是，要在人称“悍妇”的姐姐凯特（Kat，朱丽娅·斯蒂尔斯饰）找到对象之后才可以。于是妹妹的众多追求者们，找上了恶名昭彰的浪子帕特里克（Patrick，希斯·莱杰饰），希望他能挺身而出 。

为了能完成这个看似不可能的任务并得到奖赏（现金），帕特里克开始留意凯特的一些细节，包括她的兴趣、喜好等，却在几次接触后，发现了凯特许多不为人知的优点。此时，凯特也注意到帕特里克对自己的用心与了解，开始对他产生好感。

凯特和帕特里克的例子，恰巧和许多刻板的爱情故事相反，一开始两人都恶名远播，所以，在进一步交往之前，两人对于对方的种种缺点都了然于胸，却也因为这样，当他们发现对方的优点时，多了一种因为反差所造成的惊喜！比起为爱冲昏了头，他们一步步走在了一起……

水尢说：爱情可以经得起考验，但却经不起欺骗；当你选择忽略对方的缺点时，就是在感情上对自己的一种欺骗。

想象与现实间的差距，会将两人之间的热情慢慢地消磨殆尽，最后剩下的只有难堪。

当我们喜欢上一个人，多花点时间去了解对方是最基本的事，我们得确信，爱上的是他本来的样子，而不只是我们自己心目中的想象。

一段感情能否成功，价值观的相互理解是很重要的催化剂。

所谓充分理解对方的一切，包括欣赏对方的优点，还能理解包容对方的种种缺点，如果能做到这些，那就表示，一段真爱即将就此启程了。

《当哈利遇到莎莉》（*When Harry Met Sally*），1989

很多时候一个人的好，只有在你慢慢了解他之后才看得到。

Sometimes the only way you can see a person's good side is to take the time to know him.

同场加映

《疯狂动物城》（*Zootopia*），2016

给身边的人一个机会了解你吧；毕竟没有人能够独自坚强一辈子。

Give people a chance to understand you. After all, no one can be strong on their own forever.

03 不只是喜欢

一位英国的经济学助教彼得·贝克斯（Peter Backus）曾经作过一个研究，试图计算出自己遇见真爱的概率，而他得到的结果，竟然比找到外星人的概率还要低！虽然，根据他的理论，在英国还是有超过一万名的女性符合他所列出的基本条件……

然而，即便让这一万名女性同时出现在彼得眼前让他挑选，他又要怎样才能够判断，哪一个人才是真正适合他的真命天女呢？

水某推荐电影

《K歌情人》（*Music and Lyrics*），2007

喜欢一个人就像欣赏一首歌的曲子，
爱上一个人是更懂得它的词。

Affection is when you like a song for its melody. Love is when you understand its lyrics too.

这部电影重现了很多爱情电影常见的元素，一对偶然相遇的男女虽然一开始并不合拍，但在相处之后对彼此有好感，在一一战胜了难关和澄清误会之后终成眷属。而《K歌情人》最令人印象深刻的，就是剧中一首名为《重拾旧爱》（*Way Back Into Love*）的情歌。

阿莱克斯（Alex，休·格兰特饰）是在20年前曾经红极一时的乐团成员，但随着乐团解散，阿莱克斯的明星光环渐渐黯淡，只能靠接一些二三流的演出来维持生活。一次机缘下，他得到了替当红的青春偶像库拉（Cora，海莉·贝内特饰）谱写新歌的翻身机会，正当他为了填词苦恼不已时，他发现了替他整理花草的女孩苏菲（Sophie，德鲁·巴里摩尔饰）颇有写词天分，后来两人一起合作写出了《重拾旧爱》，并获得了库拉的青睐。

库拉虽然喜欢这首歌，却将这首歌依照她的个人曲风改编成新潮的版本，这样一来便与苏菲心目中的曲风大相径庭。苏菲期待阿莱克斯能够坚持自己的创作，但阿莱克斯却担心会得罪库拉并失去商业机会而拒绝了。苏菲觉得心血被糟蹋了，加上对阿莱克斯的失望之情，她伤心地离开了。后来终于知错的阿莱克斯决心挽回……

水某说：《K歌情人》中由阿莱克斯谱曲、苏菲填词的那首主题曲不仅是两人爱的结晶，同时也是关于“喜欢”以及关于“爱”的诠释。

如何分辨“喜欢”与“爱”，或许有个方式可以尝试：

试想，你最爱的那首歌曲，除了动人旋律吸引着你外，其中的歌词是否也正写出你的心情，让你不自觉中反复低声吟唱？人也像是一首歌，外表是旋律，内在就是歌词，当两者完美地配合时，就能够让听见的人深深着迷。

“心动”就像是初次听见一首悦耳的歌，让你一字一句地细细咀嚼着歌词，将自己投射在词曲所建构的美感世界中，就算聆听千遍也不觉厌烦。

因此，当你发现对一个人的一切，特别是他的内在，有同样的冲动想要“细读”时，你对他的感觉，就不只是喜欢而已了。

两个人的相遇可以有无限的可能，但只有相知，才能够真正地相爱。

Infinite possibilities spawn when two people meet, but understanding each other is the only way for them to truly fall in love.

水九推荐电影

《一天》（*One Day*），2011

看到一个人的优点叫作喜欢；包容一个人的缺点才是爱。

Affection is when you see someone's strengths; love is when you accept their flaws.

艾玛（Emma，安妮·海瑟薇饰）与德克斯特（Dexter，吉姆·斯特吉斯饰） 自从在大学认识之后，就保持着朋友以上，恋人未满的关系，两人相约在每年的 7 月 15 日见面。艾玛是个朴实又纯真的女孩，一直偷偷地喜欢着帅气不羁的德克斯特；德克斯特却轻浮又肤浅，虽然知道艾玛对自己颇有好感，但从来没有认真看待两人之间的感情，对人生也抱着轻慢的态度，只想着及时行乐。

艾玛一直希望德克斯特能够醒悟，好好地正视自己以及两人之间的感情，等来的却只是一次又一次的失望，而就算如此，艾玛还是狠不下心放手。时间又到了两人每年相约见面的日子，这难得的一天，却因为德克斯特嗑了药而变得十分不堪……德克斯特不只和别的女人调情，甚至当众羞辱了艾玛，这一刻终于让艾玛心碎了一地，就此跟德克斯特彻底断绝关系。

在那次争吵以后，两人看似从此过着毫无交集的生活，但其实对彼此仍念念不忘。经历过人生起落的德克斯特，终于结束了自己多年的荒唐，决定到巴黎去找艾玛，希望能够弥补以前对她造成的伤害；自以为不再对德克斯特挂怀的艾玛，一开始并不想要复合，但看着德克斯特失落离开的背影，才惊觉自己从来就没有停止过爱他……

水尢说：从两人的相遇、暧昧、分手，到重逢，我们看到了一对原本不够成熟的男女，在经历了人生之后终于学会了爱。

这个爱情故事有一个特别的点，就是男女主角在每年的同一天见面的约定。而当艾玛在与德克斯特决裂时说的：**“我爱你，但我不再喜欢你了。”**（I love you Dexter, but I don't like you anymore）真是一语道尽了所有人对爱感到失望时的心情。

在那个当下，艾玛不再喜欢的是：当着她的面做出荒腔走板行为的德克斯特；但在她心中，她还是渴望那个，让她倾心、一直深深爱着的德克斯特能够回心转意，不管要她等待多长的时间，只要德克斯特愿意悔改，不管他过去有再多的缺点，艾玛还是愿意接受他。

艾玛的奋不顾身也许让人很难理解，但也不是不真实，因为——喜欢不就是淡淡地爱，而爱也就是另一种深深地喜欢。

对一个人心动不难，难的是判断他适不适合你。

Falling for someone is easy, judging if he is right for you is not.

同场加映

《泰坦尼克号》（*Titanic*），1997

有时候你必须放手，才能明白是否真的值得拥有。

Sometimes you need to let go, before you know whether it's worth holding on to.

04 未能说出口的爱恋

一段感情中最让人难受的，就是无法拥抱心爱的人。不管是暗恋时的那种犹豫，或是失恋后的无法释怀，都会让人陷入绝望又痛苦的深渊 。犹豫的人，因为害怕被拒绝，只好让心情像坐过山车一样，随着心上人的一举一动起伏不定；无法释怀的人对于逝去的爱耿耿于怀，于是就将心房锁起来，再也不敢踏出下一步。

于是，我们的爱仿佛变成了影子，遥远又无止尽地守候着那一个人……

《壁花少年》（*The Perks of Being a Wallflower*），2012

世上不知有多少人，以朋友的名义，
默默爱着一个人。

There are always those who disguise their love for someone
in the name of friendship.

这部电影的主角是一位刚刚升上高中的少年查理（Charlie，罗根·勒曼饰），因为个性内向又不善交际，他先是被忽略，然后成为被欺凌的对象，还得面对课业、朋友、异性及幼年时留下的一些阴影，这些遭遇让查理感到困惑与不安。还好查理遇上了两位好朋友——帕特里克（Patrick，埃兹拉·米勒饰）以及珊（Sam，艾玛·沃特森饰），他们是一对兄妹，也是大他两届的学长和学姐。虽然三人各自有不同的烦恼，但在彼此的扶持陪伴之下，一起度过了人生中最美好，也最混乱的高中时光。

查理对珊几乎是一见钟情，觉得她聪明大方，敢爱敢恨。可是害羞的查理却一直不敢告白，只是尽力做好一个朋友的本分，在珊的身边默默守护着。当他看着珊在恋情中不断地受伤，却老是不吸取教训，甚至被众人认为是个“放荡”的女生时，查理既心疼又不解。

有一天查理鼓起勇气问他的英文老师，为什么好人总是选择错的对象？老师这样对他说：**“我们选择接受的，都是自认为值得的爱。”**（We accept the love we think we deserve.）后来随着故事发展，我们发现，原来珊在小时候曾被爸爸的老板骚扰，失去了珍贵的初吻，或许是因为如此，让珊对于感情迷惘了很久，甚至怀疑自己的价值，同时影响了她所选择的约会对象。然而查理朋友以上的守护，最后终于让珊醒悟……

水某说：暗恋之所以会让人这么难受，主要是因为你付出了感情，但因为对方不知情，所以你得不到任何的回应。

你每晚的失眠，他永远不会知道；而你漫长的等待、刻意的接近，也从不被对方放在心上，甚至你明知道这段恋情不可能有结果，但你就是没办法克制自己去喜欢对方。于是，你只能猛钻牛角尖，只能默默忍受这永无止境的身心煎熬。

“我们选择接受的，都是自认为值得的爱。”这句话说明了，为什么我们在暗恋的时候，总是心甘情愿地自我折磨，即便对方对自己所受的苦不闻不问（甚至不知不觉），就因为喜欢上了，所以就认为一切的付出都是值得的。

而当这段感情越是煎熬，仿佛越能证明自己是真切地爱着，哪怕只能以朋友的名义默默地守护对方，也会觉得心满意足。

但是，查理最后还是向珊表达了心意。他挣脱了被动、内向的束缚，他的勇敢为自己不留遗憾，那么你呢?

水九推荐电影 《午夜邂逅》（*Before We Go*），2015

这世上值得你真心去爱的，绝对不止一个人。

There must be more than one person who deserves your wholehearted love in this world.

接近午夜的纽约中央车站依旧人来人往，尼克（Nick，克里斯·埃文斯饰）站在角落，一面吹奏着小号，一面想着自己的心事。此时名叫布鲁克（Brooke，爱丽丝·伊芙饰）的女子慌张地从他面前跑过，在确定自己搭不上回波士顿的末班火车之后，露出了绝望的表情。尼克出自善意上前关心，才知道女子必须在天亮之前回到家里，才能挽救自己所犯下的一个大错。于是两人结伴沿着街道走，试图找出让布鲁克及时赶回家的方法。

不知道穿过多少巷弄之后，两人开始不经意地向对方吐露自己当下内心的烦恼。布鲁克以为曾经出轨的老公又偷情了，于是留下一封残酷的分手信后离家出走；尼克表面上来到纽约是为了要面试加入一个知名乐团，实际上是在挣扎着要不要出席友人的婚礼，并和多年前分手的初恋女友汉娜（Hannah，艾玛·菲茨帕特里克饰）见面。通过布鲁克的开导，尼克才鼓起勇气面对汉娜，虽然两人并没有再续前缘，但尼克终于解开了缠绕在心里多年的结，也最终释怀了。

而这一夜的相处，尼克和布鲁克对彼此的感觉渐渐变了，并发现心中那些纠结不已的痛苦，都只是逃避与钻牛角尖所致。布鲁克发现老公的出轨却选择了隐忍，而为了维持美满婚姻的假象，早已让她心力交瘁；尼克则是从分手之后，就让自己一直在猜测与汉娜的各种可能中虚度光阴。这两人的相遇，让彼此都醒悟了过来，他们共同决定，要以全新的自己和对方的未来在一起……

水丸说：我很欣赏《午夜邂逅》的结局——当两人回到了纽约车站，尼克对着即将分手的布鲁克说："谢谢你，让我知道这辈子不是只有一个人可以爱。"（Thank you for showing me that I can love more than one person in this life.）

爱情真的是很奇妙，人有时候会因为爱而坚强，有时候又会因为爱而变得软弱。

因为你太喜欢一个人了，所以你很害怕告白时，他给你的答案是否定的。因此你变得优柔寡断，对自己失去信心，觉得自己配不上这么好的一个人。

也有一些读者告诉我们，说自己从头到尾都不曾向对方表白过心意，然后让心中这个一直无解的问题困扰自己；或有些人是在失恋之后没有勇气再追求下一段感情。

虽然现在你爱着的人很好，但值得你爱的人绝对不止一个。因此，别让自己落入"要是他／她不爱我，我就不能幸福"的深渊当中无法自拔。

同场加映 《腥红山峰》（*Crimson Peak*），2015

幸福的人懂得放手，留不住的何必强求。

Never force someone to stay just because you don't know how to let go.

当你越是爱，就越是矛盾；想却说不想，
爱却说不爱，脆弱却一直假装坚强。

The deeper the love, the deeper the dilemma. Thus longing is denied, love is rejected, just so we can pretend to be strong.

同场加映

《最后的礼物》（*Last Present*），2001

放下一个人不是要你忘了他，而是换一种不折磨自己的方式去想念。

Letting go doesn't mean forgetting. It means remembering someone in a way that doesn't torture yourself.

05 明知不可能，仍想说出口

我们一辈子能有几次“告白”？无论是告白前的忐忑，还是告白后的不安，我们都难以忘记当时的心情。有多少人，因为害怕得到的答案不是自己想要的，而迟迟不敢行动。又有多少次，就算勉强压抑下来了心情，却还是辗转难眠，无法放弃心中的爱恋。

而同样挥之不去的还有：害怕被拒绝、害怕被讨厌、害怕会受伤，甚至害怕给对方带来困扰，都可能是让你无法鼓起勇气把心意告诉对方的原因，那么，我们究竟该怎么做?

《虞美人盛开的山坡》（*From Up on Poppy Hill*），2011

勇敢表白的人虽然都盼望得到幸福，但其实更不想留下遗憾。

Those brave enough to confess their feelings all wish to be happy, but they also don't want to leave behind any regrets.

1964年的日本横滨，正在读高中的女孩海，每天都会在海边的旗杆上，升起象征平安的旗帜，向已故的父亲致意。这个举动被同校的学长，也是新闻社社长风间俊看见了，并且以她为主题在校刊上发表了一首动人的诗。因为这首诗，让两人注意到了彼此。原本，海对风间俊的印象不是太好，但在风间俊刻意请求海协助校刊的编排事务，而有了更多互动之后，海对风间俊的感觉产生了改变。

正当一股纯纯的爱开始萌芽时，却在机缘巧合下两人发现可能有血缘关系！虽然心中难过，两人还是立即踩刹车，试着和对方保持距离。对风间俊无法忘怀的海每次看到风间俊的身影，仍忍不住心中刺痛；而风间俊内心也是同样煎熬。在一次两人结伴到东京的行程结束之后，海终于再也无法按捺心中的思念，向风间俊坦白了心意。这部电影后来有了美好的结局，在养父的说明之下，风间俊明白了自己的身世，原来风间俊和海并没有任何血缘关系……

风间俊和海在还不知道真相之前，就向对方表达心意的勇气，很令人欣赏！但在互诉情衷的当下，两人明明都知道这段感情不可能有好结局，却都不想再继续压抑自己的心情；风间俊和海在那当下，不是为了想改变结果而表达心意，而是为了不给自己留下遗憾，仅此而已；他们不求结果，只求一份面对自己真正心意的勇气！

水某说：很多时候，因为对于“美好的结局”期望太深，就更害怕它不会发生而犹豫着该不该告白。

我们都希望付出的心意能够得到同等的回报，所以当我们鼓起勇气，向心爱的人告白的时候，当然就会想要被接受，然后从此幸福快乐地过日子。

然而人生那么长，你会遇见的人还那么多，被拒绝顶多让你难过一阵子，但要是因为害怕得不到你想要的答案而不去做，不就在心中留下永远的疑问和遗憾了吗？

如果，你现在很喜欢一个人，却不敢告诉他，不妨试着改变自己的期望，与其以“让对方接受你的爱”为目的，不如以“让对方知道你是个非常好的人”“让自己不要留下遗憾”作为告白的前提。

或许，你就能够找到说服自己鼓起勇气的动力了！

水九推荐电影

《真爱至上》（*Love Actually*），2003

明知不可能，仍想说出口；
这就是爱。

Love is knowing it can't be, yet still want to try.

电影中的几对男男女女，各自遇见了不同的感情问题，而他们的心情以及相对回应问题的方式很耐人寻味。其中朱丽叶（Juliet，凯拉·奈特莉饰）是一位新婚不久的女孩，却发现丈夫最好的朋友马克（Mark，安德鲁·林肯饰）好像很讨厌她，总是刻意回避她，一旦有她在场就表现出浑身不自在的模样，但朱丽叶却不知道其实马克一直暗恋着她……

之后的圣诞夜，马克带着一叠纸卡来到了朱丽叶的门前，按下了电铃，然后示意前来应门的朱丽叶不要出声；他接着就用一张张写满了自己对朱丽叶感受的纸卡，对她表达心意。当马克离去的时候，深受感动的朱丽叶追了上去吻了马克，然后转身跑回家中……**“这样足够了！”**马克最后像是了却一桩心愿般说。

在告白之前，马克压抑自己内心的感受时其实是很难受的。人都会这样的，在面对自己秘密心仪的对象时，不但手足无措，还拼命地、笨拙地想隐藏心情。不过，马克是真心爱着朱丽叶的，他知道朱丽叶和丈夫是真心相爱，所以，无论如何都不想为了自己的爱慕去破坏朱丽叶的幸福。最后，他想通了，他只想要她明白自己对她的感觉，仅仅如此就足够了！

水丸说：爱一个人就会想跟他/她在一起，但若是对方无心，强求只会让双方变得痛苦不已。

还记得当年我跟水某告白的时候，真的是鼓足了很大的勇气啊！

如果你看过这部电影了，却仍然没有足够勇气告白，或许你该重新想一遍，你为什么要告白？你以为“告白以后就一定能跟对方在一起了”吗？抑或对方的答复不如你的预期，那你就不告白了吗？

我知道这是不容易轻松看待的事，但事实上“告白以后”得到的任何结果都是收获。因为，对方是否跟你有同样的感觉，这一直都是你最想知道的事。

即便告白以后发现，对方其实不那么想，你会难过一下，接下来，就会有一种释放的感觉。因此，比起永远不知道对方的想法，能够把心里话说出来，至少对得起自己了，不是吗？

如果可以，请尽量守护你的纯真：难过就哭，开心就笑，喜欢就让他知道。

Do all you can to stay innocent; cry if you're sad, laugh if you're happy, if you love someone let him know.

同场加映

《初恋这件小事》（*A Little Thing Called Love*），2010

用力去爱吧，就算不幸福，也会变勇敢。

When it comes to love, be bold. Even if you can't be happy, at least you will be brave.

《我的少女时代》（*Our Times*），2015

我从不后悔曾经做过的事，只遗憾曾经不敢去爱的人。

we don't regret the things that we did, only the people we dared not to love.

纠结，才是两颗心
距离最远的时候

06 纠结，才是两颗心距离最远的时候

2006年的10月，水尢回中国台湾出差，在前主管的介绍之下认识了水某。当时我们互有好感却时间有限，我们在7天内约会了3次就决定在一起，而水尢在告白后的第二天就离开了台湾。半年后，水某负笈英国留学一年，期间我们只见过两次面，只能靠视频和电话联络。2008年水尢决定要回台湾长期发展，又等了8个月才和水某在台湾相聚，最后才终结了这段远距离恋爱。

因此，“远距离恋爱”是我们在众多有关于爱情的读者来信中，最有信心回答的。但因为每个人的情况都不同，所以我们尽量不告诉读者应该怎么做，而是建议他们应该用什么样的心态，来面对另一半长期不在身边的煎熬。因为，实际的距离不一定是一段关系的挑战，心的距离才是。

水某推荐电影

《时间旅行者的妻子》

（*The Time Traveler's Wife*），2009

有时候独自等待只是给你时间思考，自己是怎样的人，又想要什么样的爱。

Sometimes the only time you get to understand who you are and what kind of relationship you want is when you are alone, waiting for someone.

男主角亨利（Henry，艾瑞克·巴纳饰）的身上有一种很奇特的基因，会让他在特定的情况下穿越时空，但他无法控制时空穿越何时发生，也不知道自己会穿越到什么时候的什么地方。在无数次的穿越中，他时常会到达同一个地点，那是女主角克莱尔（Claire，瑞秋·麦克亚当斯饰）老家旁的树林间，因此认识了当时才 6 岁的克莱尔，并告诉她自己是一个时空穿梭者。从此，克莱尔在一次又一次与亨利相遇中逐渐爱上了他，并梦想着在未来能够嫁给他……一直到他们的时间轴终于同步了。

虽然注定聚少离多，克莱尔始终深爱着亨利，即便分离的痛苦难以忍受，两人还是结成了连理，也有了爱的结晶。但是，不能够有一个明确未来的事实一直困扰着两人，尤其是身不由己的亨利，对于一直等待着的克莱尔感到非常愧疚。后来，亨利因为意外过世，克莱尔却还是相信，总有一天，亨利会再次出现在她的面前。

克莱尔痴痴的等待是这部电影最让人感动之处，从第一次见到亨利，克莱尔就知道他是自己一辈子的爱，她也非常清楚亨利的状态；漫长的等待对克莱尔来说，为的是两人下一次的见面，而在等待的时光中，她也一再去确认这样的人生，到底是不是她想要的。亨利不在的每一天里，她虽然独自一人，却也给了她思考的时间；她一天比一天确信，她深爱亨利，同时也学会了不依赖。而事实上，是她的坚强成了这段感情的最大支柱。

水某说：分开如果觉得煎熬，是因为你习惯了依靠；但若想变得更成熟，就得要学会忍受寂寞。

当两人分隔两地时，感情的维系会出现许多挑战，尤其当不安、猜忌、误会接二连三地发生，你也许会自问：不知道是该放弃，还是该继续等待？

想要得到答案，首先最需要弄清楚的其实是：你是怎样的人，又想要什么样的爱？这段感情是不是你真正想要的？

虽然，10 年前我与水尢决定等待彼此的决定，最终有了美好的结局。

但是，每个人的故事都不同，我们也不敢向你保证“等待”就一定比“放手”好，或是放手后，更好的还在前面等你。但是，让自己学着不依赖对方，却一直是我们鼓励每个人都试着去做的。

水儿推荐电影 《分手信》（*Dear John*），2010

这世上没有谁经得起永远等待；
你若不珍惜，就只有等着失去。

No one can stand waiting around forever; cherish now,
or wait until you lose them.

本片改编自畅销小说《分手信》，片中男主角约翰（John，查宁·塔图姆饰）从小就和有亚斯伯格症的父亲不合，后来为了逃离家中而选择从军。某次在回家度假期间，约翰遇见了美丽的女大学生莎文娜（Savannah，阿曼达·塞弗里德饰），两人一见钟情。善解人意的莎文娜不只打动了约翰长年封闭的心，更帮助他弥补了和父亲一直以来的误解与隔阂。于是，两人之间的感情越来越亲密，后来约翰结束休假回营，莎文娜也要回到学校上课，两人还是有信心能够好好经营这段远距离的恋爱。

但在“9·11”事件发生之后，约翰却作了延长役期的决定，让莎文娜错愕又伤心。对一个渴望爱情、渴望被需要的年轻女孩来说，她不能理解，爱人心中为何没有把她放在第一位。多年后，当两人再度相见时，莎文娜已经嫁作人妇，而约翰在经历了丧父之痛后变得更为成熟。当他明白自己的决定给莎文娜带来的痛苦后，也终于对当年的事能够释怀了。

在这部电影中，我看见了“理解”和“珍惜”。一开始约翰和他的父亲有很严重的代沟，因为约翰并不知道父亲的奇怪举动是因为亚斯伯格症，两父子就这样一直互不理解也互不沟通；而莎文娜对约翰虽然一往情深，现实却残酷摧毁了她对爱情的幻想。约翰从来没有想过要伤害父亲或是莎文娜，但他也不曾替等待的另一方着想，没有珍惜他们之间薄弱的缘分。或许，在“天长地久，至死不渝”的浪漫誓约下，莎文娜没能为了约翰坚守到最后是负心的表现；但若是我们和她易地而处，难道就能做到无怨无悔、长时间地等待了吗？

水尢说：她最不能忍受的其实是，想付出，关心的人却不能在身边。

约翰之所以会失去莎文娜的另一个原因，就是他并没有真正理解她的个性。莎文娜善良又体贴，天生就不吝关心别人，哪怕是约翰在战场中受了重伤，相信莎文娜还是会不离不弃地照顾他。

莎文娜不是不愿意等待，而是约翰没有给她应得的回应。

因此，千万不要把对方的付出当作理所当然。如果今天有人愿意为了你付出，请一定让对方知道你的感激；千万不要因为一个人愿意等，你就真的狠下心来让他等喔。

同场加映

《海角七号》（*Cape No. 7*），2008

有时候让你纠结的不是想念一个人，
而是去猜他有没有想念你。

Sometimes what troubles you more than the sense of longing, is wondering if you are being missed.

《西雅图未眠夜》（*Sleepless in Seattle*），1993

若某人对你真的这么重要，那距离就不再重要。

If someone really matters, then distance won't.

同场加映

《远距离爱情》（*Going the Distance*），2010

距离，无法分开两颗真正在乎彼此的心。

Distance can never separate two hearts that really care about one another.

07 爱我的，和我爱的

“我爱的人不爱我，爱我的人却不是我爱的”说的是命中注定的相遇，却走不在一起的爱情，这样的爱情故事，重复地在不同的现实人生中播放着。有些人是沉溺在弃之可惜的爱情中；有些人则是误以为没有被爱就没有幸福而不肯放弃。于是，爱情就变得令双方觉得难受，变成了互相折磨的爱了。

水某推荐电影

《女朋友·男朋友》（*GF*·*BF*），2012

很多感情让人失望，是因为我们总以为最想要的，就是最适合我们的。

Many relationships become disappointments because we believe what we want the most suits us the best.

故事发生在 20 世纪 80 年代的中国台湾。陈忠良（张孝全饰）、林美宝（桂纶镁饰）和王心仁（凤小岳饰）是就读于同一所高中的死党。感情很好的三人之间却存在着盘根错节的情感纠缠。冲动不羁的心仁爱着美宝，敢爱敢恨的美宝爱着阿良，但温柔敦厚的阿良爱的，却是把他当成兄弟一样的心仁。

随着三人慢慢长大，他们也各自明白自己已经不能继续天真下去。只是，在向人生低头的同时，三人还是放不下自己心中最渴望拥有的。于是，害怕寂寞的美宝当了向现实妥协的心仁婚姻中的第三者，而阿良则选择带着对美宝和心仁的愧疚遗憾地继续逃避。结局最后，美宝顺利生下心仁的双胞胎女儿，却因病过世了；心仁则回到了妻子女儿身边；而阿良便将美宝的双胞胎当成自己的小孩收养。

《女朋友·男朋友》的结局充满强烈的失落感，因为主角们一直到最后都没有得到自己想要的幸福。然而，不是自己原本想要的，他们三人就不能幸福了吗？美宝虽然不敌病魔，但孩子还是健康地出生了；心仁虽然失去了美宝，但仍来得及回头，回到自己一直放不下的妻女身边；阿良虽然同时失去了美宝和心仁，但却得到了结合两人的新生命。这个结局或许三个人从来都没想到过，但仿佛也各得其所了。

水某说：在爱情出现的那个当下，我们都想要得到它，但就是因为太想得到了，我们就把这个对象的重要性无限上纲。

全天下只有这个人能够让自己幸福，要是没办法和这个人在一起，人生就会毫无意义！如果你正是这样想的，也太极端了吧！

我们当然都希望喜欢的人也喜欢我们，所以当现实并非如此的时候，不免会感到伤心。

不过，与其因为不能得到自己想要的幸福而自怜自艾，我们是否也该去了解，这个不喜欢我的对象，是不是真的适合我呢？

水九推荐电影

《魔法奇缘》（Enchanted），2007

世上最傻的，就是相信自己一定要靠某个人才能够得到幸福。

It's foolish to believe that you need a particular someone in order to be happy.

和现今世界平行的时空中有一个童话世界，那里的人就像童话故事一样过着有魔法、城堡、公主与王子的梦幻生活。女主角吉赛儿（Giselle，艾米·亚当斯饰）是童话世界里的公主，每天都幻想着能和爱德华王子（Prince Edward，詹姆斯·麦斯登饰）结婚，从此过着幸福快乐的日子。但在坏皇后的恶毒计划下，吉赛儿被丢进了时空洞穴中，来到了我们所在的世界。

天真无邪的吉赛儿一开始对一切感到既陌生又新鲜，虽然格格不入，但还是用她独特的人生观来面对这个世界。后来，她遇到了独自抚养女儿的罗伯特（Robert，帕特里克·德姆西饰），两人在相处后产生了感情。之后，她发现，自己真正渴望的其实不是王子，而是幸福快乐的日子，而这两件事并没有直接的关系。于是，她勇敢地拒绝了王子的求婚。

吉赛儿一开始的想法，跟很多深陷在爱情迷雾里的人一样，认为自己的幸福要靠别人，甚至是掌握在特定的人手上。这样的想法，不仅是对自己没信心，还把别人想得太重要。其实，爱情应该让你变得幸福、变成更好的人，这样才能让对方也感到幸福；因此我们若能专注地让自己变得更好，就已经得到一半幸福，其他的，就交给缘分吧。

水尢说：得到自己想要的，才算是真的幸福吗？

倘若幸福来到你面前，但不是你原本想要的，你就不要了吗？你认为一心一意爱着的那个人才是真爱，那个人却不爱你，你从此就不会幸福了吗？

我想起前一阵子的一个新闻，在《哈利·波特》（*Harry Potter*）系列中饰演赫敏（Hermoine）而走红的新生代女演员艾玛·沃特森（Emma Watson）和英国的哈里王子（Prince Harry）传出了绯闻。而就当全世界都专注在和王子交往是天下所有女孩的梦想时，艾玛却给出了这样的回应，她说：**“嫁给王子并不是当一位公主的必要条件！”（Marrying a prince is not a prerequisite of being a Princess.）**

所以，与其执着于哪个王子或是哪个公主给你幸福，不如专注于让自己幸福吧！

时常我们用各自的方式去爱，却忘了爱与被爱是两件不同的事。

we tend to love using our own ways, but we forget that to love and to be loved are two different things.

同场加映

《涉外大饭店 2》

（*The Second Best Exotic Marigold Hotel*），2015

幸福就是，选择你想要的生活，为自己好好地活一次。

Happiness is choosing the life you want to have, and living it fully for yourself.

《布鲁克林》(*Brooklyn*),2015

靠一个人等他给你幸福,不如选一个人一起走向幸福。

Don't wait for someone to give you happiness; choose someone to walk towards happiness together instead.

同场加映

《阵头》（*Din Tao*），2012

努力不是为了别人，是为了自己与在乎的人。

Your hard work should be for yourself and those you love, and not for anyone else.

08 真爱无条件，真心不设限

两个相爱的人发展出一段感情，在伴侣的关系中，磨合个性的差异、信任度以及能够牵手一起走下去的默契。然而，在关系中总是会有个性强的一方和弱的一方；强的一方很容易忘了顾及对方的感受，而弱的一方也很容易过于配合却暗自觉得委屈。

事实上，两个相爱的人就像是站在天平的两端，当天平开始倾斜了，就要开始思索，为什么本来可以平衡的事，现在却不能平衡了？

水某推荐电影

《消失的爱人》（*Gone Girl*），2014

一段感情有两个致命的伤害：太少的沟通，和太多的期待。

Two things can destroy any relationship: too much expectation and too little communication.

艾米（Amy，罗莎蒙德·派克饰）和丈夫尼克（Nick，本·阿弗莱克饰）是人人称羡的神仙眷侣，不但外貌般配，也被彼此各种优秀的条件深深吸引。在两人正要庆祝结婚五周年的时候，却发生了艾米失踪的神秘事件。因为艾米的高知名度，使得她的失踪备受瞩目，吸引了媒体的大幅报道。事实上，艾米的失踪，其实是她想要摆脱及报复尼克的精心演出。原来，艾米在婚后发现尼克并非她当初想象的那样优秀，两人之间渐生嫌隙，加上经济状况不如以往、尼克出轨的打击，让艾米对于这段婚姻感到厌恶。

随着剧情的发展，尼克看穿了艾米的伎俩，也知道该如何赢回妻子的心。于是他在媒体上多次深情地表达对艾米的爱意与歉意，让躲在暗处的艾米又对尼克产生了幻想，进而改变计划，戏剧化地回到尼克身边。但他们的复合并不代表两人找回了对彼此的爱；当两人一有机会独处时，艾米立刻用她一贯强势的手法试图控制尼克，要求他配合演出恩爱的模样，甚至还假装自己怀孕，只为了让两人可以继续成为镁光灯的焦点。

在这段感情里，爱情早就因为沟通不良和期待的落差而消失殆尽，只有无尽地猜忌和利用。讽刺的是，两个人虽然都不爱了，却做到了许多情侣梦寐以求的长相厮守。不过，被艾米抓住把柄的尼克表面上乖乖听话，在接下来的日子里，应该无时无刻不在思考该怎么摆脱这段扭曲的婚姻关系了吧！

水某说：虽然真爱会包容一切，但千万不要理所当然地认为，对方必须无条件接受自己的强势。

每个人都有与生俱来的个性，但是当我们进入一段感情时，就要明白这段感情是由两个人共同来经营的。所以，如何调和对方在个性上和自己的不同，就成了每个人必修的恋爱学分。

如果两个人原本都比较随和，摩擦可能会少很多，但要是其中一方原本就比较强势，在谈感情的时候就要有所自觉，不要忽略了对方的感受。

毕竟，爱的成就感应该来自幸福，而不是征服；生活是用来经营的，不是用来计较的；而感情是用来维系的，不是用来考验的。

就像北风和太阳的故事一样，用温柔的方式让对方心甘情愿地配合你，远比任性固执地要求，更能让这段感情细水长流。

水九推荐电影 《我的野蛮女友》（*My Sassy Girl*），2001

爱，是一种牺牲。没有完全适合的两个人，只有互相迁就的两颗心。

Love means sacrifice. No two people are perfect for each other; they just know how to compromise in a way that works for both of them.

牵牛（车太铉饰）是一个憨厚老实的男孩，却一直没能找到人生中的挚爱。某天在前往相亲的途中，牵牛在车站邂逅了“她”（全智贤饰），一个让牵牛心动的长发女孩。这个与温柔美丽的外表有着迥然不同性格的“她”，让牵牛吃尽了苦头，不只毫无预警的拳脚相向成了家常便饭，“她”喜怒无常的个性更是常让牵牛如堕五里雾中，完全猜不透“她”到底在想什么。

或许因为个性使然，又或许是因为真爱，牵牛对于“她”的种种粗暴行径总是逆来顺受。虽然好像受了很多委屈，但牵牛知道“她”的内心其实藏着许多极力掩饰的哀伤，牵牛打从心里希望能帮“她”走出伤痛。经过了多次波折、错过后，两人摆脱了内心的束缚再次相会，终于明白，原来对方才是最适合自己的，然后决定再给彼此一个机会……

牵牛的表现与付出让人感动，但他为了爱情所做出的迁就，其实并不是溺爱的，更不是盲目的，他只是在“她”走出阴霾之前尽力呵护，不让“她”的心再次受伤，最后也是因为“她”终于能够放下以前的包袱，敞开心胸接受牵牛，才让两人的爱情有了结果。

水尤说：即便电影中的情节有点夸大，但是牵牛所表现出的，正是爱情里面非常需要，却又不容易做到的“迁就”。

当你下意识地迁就一个人，为一个人做出让步，就代表你真的喜欢上了那个人。然而，你的心意必须能被对方懂得、能得到珍惜，否则就会变成只是你一厢情愿的让步了。

“迁就”是发自内心、互相体贴的事。你希望对方可以喜欢上你，你也希望自己可以跟别人不同，所以你为了得到青睐而迁就对方。但是，你就是你，如果你只想着讨好对方却一直违背自己的性格，这样的“喜欢”不会很久，因为你会想做自己，而对方总有一天会发现真正的你。

事实上，世界上没有两个百分百合适的人，只有百分百互相传递的两颗心。虽然爱不一定就非要迁就，但迁就却是难得的爱啊！

你若喜欢一个人，会想和他分享快乐；
你若爱上一个人，会愿意陪他承受悲伤。

when you like someone, you want to share his pleasure;
when you love someone, you will share his pain.

同场加映

《假结婚》（*The Proposal*），2009

被爱，就是连你自己都不能接受的缺点，被欣然接受了。

Being loved is when the flaws that you can't tolerate yourself have been embraced.

09 男生到底在想什么？女生到底想要什么？

《消失的爱人》（*Gone Girl*）是 2014 年上映的多部精彩电影中，让我们印象最深刻的一部。其中男主角在开场时的一句台词，更是道尽了一段感情之中困扰最多人的问题：**她在想什么?**

当然我们不像男主角一样，想要**“敲碎她可爱的头骨，拨开她的大脑，好得到答案”（cracking her lovely skull, unspooling her brain, trying to get answers）**，但每当相处出现问题时，我们都很想知道到底对方在想什么？又是为了什么，让两个原本该心意相通的人，变得完全无法沟通？

水某推荐电影

《他和她的孤独情事：他》

（*The Disappearance of Eleanor Rigby : Him*），2013

你不说，我不懂，于是就有了距离。

The things that you don't say and I don't understand are called distance.

这是一个很特殊的作品，导演兼编剧将一对夫妻的故事拍成了两部电影。第一部电影英文片名取为《他》（*Him*）以男主角康纳（Connor，詹姆斯·麦卡沃伊饰），也就是这段婚姻里丈夫的视野来叙述这段故事。一开始我们看到结婚前的康纳和埃莉诺（Eleanor，杰西卡·查斯坦饰）在酒吧里的一段往事，两人当时互相爱恋，也充满了年轻人的热情；镜头一转，两人已经结婚多年，而埃莉诺不知为了何事闷闷不乐，甚至还在自杀获救之后人间蒸发了。

康纳除了被妻子这些莫名其妙的举动弄得一头雾水之外，他还要分心处理他所经营的餐厅面临倒闭的窘境。此时餐厅的伙伴将埃莉诺的行踪透露给康纳，在几次跟踪之后，两人终于再次见面。然而康纳只是一味地请求埃莉诺能够回到他身边，却没有去理解她行为背后的原因和理由，所以被拒绝也是可想而知的。沮丧又无助的他，这时竟然和餐厅的女员工发生了一夜情。虽然他后来向妻子坦承，但伤害已经造成了。

在决定关掉餐厅并且搬家后的某天，康纳回到家中准备打包，却遇到了看来同样失落的埃莉诺。经过数月沉淀后的两人终于能够好好地沟通。原来，两人曾经有过一个年幼的儿子不幸夭折了；埃莉诺走出伤痛的速度不像康纳那么快，她更因为忘记儿子的长相而感到难过不已。在共度一晚之后埃莉诺再度不告而别，康纳也决定暂时放下这段感情，到父亲经营的餐厅帮忙，试图重新回到轨道。过了一段时间之后的某个傍晚，康纳独自走向公园，身后不远处跟着的是貌似埃莉诺的女子的身影……

水某说：片中男主角就像水尢一样，不是完全没察觉女生为何不开心，就是笨拙地会错意。

据我们所知，虽然导演并没有指定应该要先从哪部看起，但我们还是选择了先看男生的观点，因为在我们两人的感情世界里，水尢总是搞不清楚状况的那一个。

其实埃莉诺之所以会对康纳感到不谅解，主要是因为她不懂康纳为什么可以这么快就从丧子之痛中走出，而且还可以正常地过日子，仿佛这件事从来都没发生过一样。

女生最受不了男生的，就是每件事都一定要女生清清楚楚、明明白白地说出来才行，难道男生就真的那么迟钝？让人更生气的是，就算女生试着用男生能理解的话来说明时，大部分的时间他们还是听不懂，或是直觉地认为女生是在钻牛角尖，然后试图否认或是反驳。

结果，本来或许是没什么的事，仅仅是因为男生们的“你不说，我不懂”，而使得两人产生了距离。

所以啊，男生们，与其浪费时间猜测女生们在想什么，还不如学着体贴点、敏感点，不要什么事都等到女生说出口了你才懂！

《幸运查克》（*Good Luck Chuck*），2007

爱情总叫人迷惘，因为关心太少会失去，在乎太多会受伤。

Love is confusing; if you care too little, you may lose it, but if you care too much, you will get hurt.

水九推荐电影

《他和她的孤独情事：她》

（*The Disappearance of Eleanor Rigby: Her*），2013

我不说，你也懂，爱情少不了默契。

The things that I don't have to say and you can understand are called love.

这个二部曲作品的《她》（*Her*）和前一部《他》（*Him*）相反，用的是女主角埃莉诺的观点来叙述这一段故事。电影一开始埃莉诺跳河轻生，在被救起之后，她搬回娘家暂住。在家人的开导下，埃莉诺试图振作，她剪去了长发，也开始在社区大学上些课程。而通过心理辅导，才了解到她的儿子最近刚过世；因此，走不出丧子之痛，也是导致她想不开的原因。

接着男主角康纳出现了，一开始两人为了埃莉诺的不告而别而激烈争吵。后来埃莉诺得知康纳的餐厅遇到了状况，便主动约他开车出游，两人此时仿佛找回了以前的那种热情，情不自禁地开始亲热，但埃莉诺却从康纳的肢体语言中发现他的出轨，而他徒劳无功地强辩，更让原本看似能复合的机会，变成又一次的不欢而散。

埃莉诺也曾想过报复，但当她试着和陌生人一夜情的时候，却无法说服自己，在最后一刻悬崖勒马。因为克制不住对康纳的挂念，她决定回家一趟；于是两人坐在充满美好回忆的空荡荡的家中促膝长谈，埃莉诺也终于向康纳坦承一直困扰着自己的，是她无法接受自己忘记了儿子长相，此时康纳便温柔地告诉埃莉诺，儿子就长得像她……

水尢说：男生跟女生对同一件事的看法，甚至是记忆，可以有很大的差别。

在《他》片中，依照康纳的观点——是他主动坦承出轨；但在这一部《她》里却是埃莉诺先察觉康纳出轨的。

有趣的是，在电影《他》故事一开始时，埃莉诺曾经告诉康纳说梦到他偷情，接着又说，或许康纳应该真的出轨一下会比较好。而当埃莉诺在车上质问康纳是不是出轨时，他竟然理直气壮地回答："是你叫我去的。"

虽然我是个男生，但看到这里的时候还是感到傻眼，你老婆跟你说了那么多事你都不听，怎么赌气叫你偷情时，你却老实不客气地照做了呢？

看完这两部电影，我真心觉得要弄清对方在想什么，其实是一件不可能的事！我们男生只要试着多为对方着想，然后就会发现，很多事其实两人早就有了默契，甚至很多时候不需要对方说出口，就能够感受到。

真正的爱，是就算不能理解，仍然选择包容。

True love is choosing to accept someone even if you can't fully understand him.

同场加映

《分手男女》（*The Break-Up*），2006

其实最让她在意的，就是你的不在意。

what a girl really cares about is the fact that you don't.

10 他现在比较爱我，还是以前比较爱她？

“前男友”或“前女友”就像是曾经长年高挂在墙上的某张心爱的海报，虽然已经撕下，你仍时不时地会看到墙面上的痕迹，让你很不舒服，甚至，心疑对方会不会偷偷把那张海报藏了起来，找到机会就拿出来怀念一下。

我是不是没有他前女友漂亮？听说她的前男友是个高富帅，那她怎么会选我？他现在比较爱我，还是以前比较爱她？这些看起来很不理智的怀疑和不必要的比较，来自于你被莫名挑起的敏感神经，而且一旦被挑起了，就几乎无人可以置身事外了……

水某推荐电影

《床伴逐个数》（*What's Your Number*），2011

在爱情里永远不要成为选项，因为爱没有第一，只有唯一。

Never become an option in love. Because when it comes to love, there is no number one, but only one.

艾莉（Ally，安娜·法瑞丝饰）是一个不太懂得替人生做正确决定的成熟女性，在和男友分手又被公司裁员后的一天，她看到了杂志上一篇耸动的文章写道，一个女人如果一生之中拥有超过20个情人，就很难有机会找到可以共度一生的丈夫。艾莉于是急忙列了一张前男友清单，发现“数字”到了临界点的19个！原本打算“守身如玉”直到遇见真命天子出现的她，却又不慎破功——集到了第20个。此时她灵机一动，决定从她的前男友中挑一个条件最好的作为结婚对象，这样，就不算是超过20个情人，对吧？

于是在浪子邻居柯林（Colin，克里斯·埃文斯饰）的帮助之下，艾莉陆续找到了她的前男友们，那些她过去认为不适合而分手的男生，竟然一个个都变得成熟又有魅力，一度还让艾莉不知道该选哪个比较好。但艾莉很快就发现，当初自己会跟这些男生分手不是没有道理，即便他们的外在条件变好了，仍没有一个人真正适合自己……然而，其实艾莉从来都不知道自己到底要的是什么，才老是让一些外在的条件影响了自己的判断。讽刺的是，现在那些男生反而看不上艾莉了！原本把爱情当作选项的她，自己却沦落成选项（还落选），也是艾莉始料未及的了。

艾莉看到前男友们变优秀了觉得眼睛一亮，甚至还想着当初怎么会跟这么好的男生分手。但其实这些男生的优点一直都在，只是艾莉从来都没有花时间去真正认识他们，直到自己陷入了“谁比较好”的漩涡之中，彻底忽略了那些真正值得珍惜的东西。

水某说：爱本来就是不应该被拿来比较的，尤其是不应该拿旧爱来比较。

一个人所具备的珍贵特质，是无法量化的；可以量化的，反而都是那些比较表面的条件。

如果你选择了比较漂亮／帅气的，那就会有更漂亮／帅气的人出现？如果你因为现在的对象赚的钱比较多，那当你遇到一个赚更多钱的人的时候，你又应该怎么选择呢？

因此，若是你很幸运正好眼前出现了两个难以抉择的人，试试这个方法吧——不要选择那个比较好的人，要选择那个——能让你变得更好的人！

水九推荐电影

《45 周年》（*45 Years*），2015

有些回忆就算是忘不掉，有时却要假装想不起。

Although there are always memories you can't forget, sometimes you have to pretend that you don't remember.

凯特（Kate，夏洛特·兰普林饰）和杰夫（Geoff，汤姆·康特奈饰）是一对结婚多年的夫妻，即将迎来他们45周年的结婚纪念日，因此两人计划了一个盛大的庆祝派对。某个一如往常的上午，杰夫收到了一封来自德国的信， 信中写道，50年前在阿尔卑斯山上意外丧生的前女友被找到了！虽然凯特早就知道杰夫的这段往日旧情，但杰夫古怪的举动却让敏感的凯特直觉哪里不对。

接下来的几天，因为年老而变迟钝的杰夫一反常态，絮絮叨叨地述说着与前女友的往事，也透露出想要到瑞士去一探究竟的渴望，甚至在一个失眠的夜晚，杰夫还爬上阁楼找出前女友的照片，殊不知这些都犯了感情之中的大忌，不断打击着两人原本看似稳定的感情。后来凯特又震惊地发现，原来意外发生时，杰夫的前女友已经怀有身孕，而杰夫甚至不否认如果当年女友没有发生意外，两人是会结婚的。此外，最让凯特生气的，是这段已经逝去的感情竟然主导了她和杰夫人生中许多决定……从听什么音乐到养哪种狗，甚至连生不生小孩，都和这段感情有关。

面对眼前这个和自己相处了45年的男人，凯特心中有着说不出的复杂感受。她虽然生气杰夫隐瞒事实，却又能明白那场意外是杰夫心中一辈子的痛。而后凯特不断地压抑自己，告诉自己一切都能够过去，两人能够回到原本平淡安稳的生活，却发现自己远不如所想的那样坚强。后来在45周年的结婚派对上，即便杰夫深情地对凯特诉说感谢，凯特还是无法平复难过。对凯特来说，这45年来，前女友一直都站在房间的角落，看着，甚至默默参与着自己与杰夫的人生，这个事实，任谁都无法接受。

水九说：希望自己是对方的唯一，这个要求一点都不过分，因为你就是这样看待对方的。

我跟水某的爱情经历其实真的不算多（水九在遇见水某之前，只谈过一段5年的感情，水某则是交了白卷），所以讲到旧爱这个题目的时候多少会有一点心虚。但将心比心，我们还是觉得，用我们现在这样稳定的感情去推想“该如何处理旧爱这个问题”，或许也是一个不错的做法。

有人说，当爱情来临的时候，人都会变得很小气，眼中连一粒沙子都容不下，更何况是早就应该成为往事的旧爱。只是每个人都有过去，如果你真的爱他，就要能够接纳他的一切，特别是那些曾经的刻骨铭心。

事实上，你的过去也会让对方不舒服，所以你也应该尽一切的力量让对方知道：过去的已经过去，现在拥有的才是你会永远珍惜的。

因此，不该比较的千万不要乱比，不该提起的就永远不要再提了吧！

同场加映

《阿罗哈》（*Aloha*），2015

装作不在意最难的部分，就是心里知道自己有多在意。

The hardest part of pretending not to care is knowing how much you actually do.

《廊桥遗梦》（*The Bridges of Madison County*），1995

想念一个人，不是强求他回来；思念，也是释怀的一部分。

Missing someone doesn't mean you need him back in your life; longing is part of moving on too.

那个
我最亲爱的
陌生人

// 那个我最亲密的陌生人

热恋的时候，对方的一举一动、一颦一笑，每个瞬间都让你怦然心动，时间也仿佛不够用似的，巴不得每天可以再多个24小时让你们在一起。

然而，随着时间流逝，当初曾经牵动你所有情绪、陪伴你一路走来的人，现在却好像变成一个陌生人。你们之间不再有共同的兴趣，在一起也很少说话了，就算偶有交集，也难以触碰到对方的内心深处……

水某推荐电影

《蓝色情人节》（*Blue Valentine*），2010

能长久的感情不是不会变，而是会随着你们的成长一起改变。

A lasting relationship requires love that changes with you as you grow.

在这部电影中，年轻时的迪恩（Dean，瑞恩·高斯林饰）是一个潇洒不羁的小伙子，因为不喜欢凡事照规矩来，他选择了一个自由的人生。高中没毕业就在一间搬家公司打工的他，在一次替客户搬家到老人院时，认识了漂亮又善解人意的医学院学生辛迪（Cindy，米歇尔·威廉姆斯饰），互有好感的两人开始交往。迪恩体贴入微，即便后来辛迪怀的有可能是别人的孩子，深爱着她的迪恩还是愿意娶她，并誓言要给她和孩子一个幸福的未来。

只是，再多的热情和体贴，在残酷的现实面前也显得脆弱不堪。几年过去了，没有学历及一技之长的迪恩仍一事无成；辛迪也为了要养家而放弃了梦想，在一间小诊所当护士。因为各自在工作和人生路上遇到的瓶颈，慢慢地消磨了彼此之间的激情与爱，剩下的只有抱怨和不满。他们明明曾经非常相爱，也经历过很多人生中的难关，然而每次回想起以前种种，都只让现在的处境显得格外不堪回首。

导致两人感情破裂的，不是他们的心变了，而是他们之间的感情没有跟着他们一起改变。已经不再自由的两人各自忙于生计，对于彼此的感情却还停留在热恋时的期待。这一天，迪恩为了想重温年轻时的激情，特别在情趣旅馆安排了一个浪漫的夜晚，却忽略了辛迪隔天还要上班，而且早已心力交瘁的事实。结果两人不欢而散，让已经不堪一击的感情雪上加霜……

水某说：或许你会以为，有这样的感觉是因为你们之间的爱消失了，但其实爱一直都在，只是你们走得太快，忘了让你们的爱跟上来。

不同时期的爱有不同的定位。暧昧时期，关怀与热情点到为止，过头了，对方会怕；太少了，情感点燃不了；而就是友达以上、恋人未满，才能体会到甜蜜与酸楚交替之美。

热恋时期，像个陀螺般绕着对方转呀转，那种眼中只有她/他的狂炙热爱，是无止境地付出也是无止境地索求，就像麻辣香锅一样，够味但却不能天天吃。

当进入到稳定的感情阶段，彼此的信任与成熟能给彼此空间；双方也有共识一起向共同的目标前行、彼此扶持。

这些，说穿了，就是在不同阶段中找到自己的平衡，但有些人爱上了，却一直流连在热恋期。若是其中一人够成熟，愿意说服另一人跟上，或许感情还能继续；但若双方都无自觉，那么彼此都会很辛苦，浑然不知问题的根源……

同场加映

《本杰明·巴顿奇事》
（*The Curious Case of Benjamin Button*），2008

只有时间能让我们明白，生命中什么才是最重要的。

Only time can tell us what the most important things in life are.

《爱在午夜降临时》（*Before Midnight*），2013

比起不变，感情里更珍贵的，是即使两人不断在变，却仍然相知相惜。

In a relationship, what's more valuable than everything remains the same, is that you always cherish each other despite all the changes.

《疯狂愚蠢的爱》（*Crazy, Stupid, Love*），2012

人生的路想要一起走下去，除了要看看前方，也别忘了要看看对方。

If you want to walk to the end together, don't forget to look ahead, and at each other.

卡尔（Cal，史蒂夫·卡瑞尔饰）是爱家的中年大叔，虽然与妻子艾米丽（Emily，朱丽安·摩尔饰）感情不错，却因为热情不再而造成了艾米丽的出轨，两人便离婚了。卡尔对重获单身生活感到忐忑不安，此时黄金单身汉雅各（Jacob，瑞恩·高斯林饰）出现了。雅各将卡尔改造成了型男，还教他许多追求异性的招式，让他在离婚之后，成功地结识了许多新的对象。

然而，卡尔还是深爱着青梅竹马的妻子。其实，失去了婚姻反而让他开始反省：从当年两人决定共筑未来的时候，卡尔就将重心放在家庭上，忽略了艾米丽还是渴望激情；时间久了，艾米丽就觉得这段感情已经不再像以前那样让自己心动了；但艾米丽同样也只顾着想要激情的感觉，忽略了卡尔为了这段婚姻与这个家庭的付出，对卡尔也太不公平了。

经历过失去对方的两人，花了不少时间思考自己的问题，并重新想起了对方的好。直到在儿子的毕业典礼上，卡尔看到儿子对爱情感到失望，并说出不相信有“真爱”“灵魂伴侣”这些虚幻的东西时，若有所悟的卡尔站上了讲台，向所有人以及坐在台下的艾米丽说，虽然他不知道最后的结果会如何，但他绝对不会轻易放弃艾米丽、两人曾经有过的一切，还有那充满希望的未来。卡尔的态度感动了艾米丽，也让她明白了自己内心深处想要的还是卡尔，他仍是那个——一路陪着她走来的灵魂伴侣。

水尢说：你们会从热恋走到稳定，从新婚走向白头，从两人世界进阶为人父母，这些转变都会让你们的心境和思想有所不同。

还记得当初跟水某远距离恋爱时，我总是因为太过挂念，一天总要问候水某好几次。然而水某却跟我说，更希望的是两个人可以一起为了未来努力，而不是整天只把心思放在对方身上。

在热恋的时候，我们总是无法将眼光从对方身上移开，爱人的一切全都那么的重要。但当两人决定继续往下走的时候，就要确定两人注视的，不再只是对方而已！

用心留意一下对方的表现，是不是在追求同一个目标的时候给予支持？有了这样的认知，你才不会一直计较对方有没有替你着想，或计较对方是否在意你的感受了。

人生有许多阶段，不管你在哪一段遇到你的另一半，你们都将陪伴彼此继续走下一段、再下一段……这个时候良好的沟通，才能将感情顺利带过每个阶段，而不是让感情因为跟不上两人的脚步，而被抛在了身后。

爱，就是当所有的心动、热情与浪漫都淡去之后，却发现你对她仍然珍惜。

Love is when you take away the feelings, the passion, the romance, yet you still care for someone.

同场加映

《婚礼歌手》（*The Wedding Singer*），1998

最令人向往的幸福，就是找到一个想要和你一起变老的人。

The kind of happiness that many people long for, is finding someone who wants to grow old with you.

12 你们选择了彼此，所以也就属于了彼此

一段感情要能长久，需要两个人都一直爱着对方，这件事说起来容易，做起来却难。没有人想当负心汉或薄情女，只是当感情淡了的时候，不管怎么做，就是找不回当初的那种心动。两人之间并没有争吵，也没有第三者，但为什么就是找不回“爱”的感觉了呢？难道，失去了“爱的感觉”就代表两人的爱情已经逝去，两人就该是说再见的时候了吗？

水某推荐电影

《我脑中的橡皮擦》（*A Moment to Remember*），2004

爱不只是一种感觉，更是一种行动。

Love is more than just a feeling; it's also something you can act upon.

和其他国家的电影相比，我们看过的韩国电影并不算多，但印象中几乎每一部都曾让我们感动落泪，《我脑中的橡皮擦》尤其深深打动我们的心。一对恩爱夫妻哲洙（郑雨盛饰）和秀真（孙艺珍饰），两人虽然家世背景差异很大，但在便利商店相遇之后，便一见钟情。可惜两人的幸福日子就像夕阳一样，虽然美丽却稍纵即逝，因为秀真罹患了会逐渐失去记忆的阿尔兹海默症。

就像中文片名形容的，生病的关系让秀真的脑中就像有个橡皮擦一样，不断地擦去她的回忆，当然也包括她最想要珍惜的哲洙。

秀真：**“如果我的记忆都不见了，爱还有什么意义？不要再对我那么好，我会全部忘记的！”**

哲洙：**“就算你什么都想不起来，我还是会陪在你身边，就像现在一样，我会找到你的，每天都是新的开始……”“我就是你的回忆，你的心。”**他这样对心爱的妻子说。

如果病魔真的夺走了秀真脑中两人的记忆，那哲洙就会替秀真记住一切，哪怕每天都要重新让秀真爱上自己，他也心甘情愿。

这段对话同时带给我和水尢强烈的感受，两人的爱情是如此坚定，超越了一般世间情爱的想象。

水某说：爱不只是心里的感觉或是脑中的回忆，更是为了彼此而做出的一切。

不管是读者来信，或是发生在身边的事，我看过太多的伴侣最后分手的原因，就一句“没感觉了”。

只把“爱”看作一种心中的感觉，是幼稚的行为；成熟的人不会让自己被感觉给主导，会去思考每件事背后的深意。真心想要维持一段感情的人，就得为“爱”付诸行动：爱是关心，那你就做到关心；爱是原谅，那你就做到原谅；爱是付出，那你就应该全心付出。

在电影里面秀真不只忘记了两人的过去，认不得哲洙的她，更谈不上对哲洙有什么爱了，但哲洙却用行动来证明爱的存在。

你真的要用“没感觉了”这样的话，来搪塞你的爱情吗？请问问自己，愿不愿意为了找回爱的感觉，替对方做那些证明“爱”存在的行动呢？

《铁甲钢拳》（*Real Steel*），2011

同场加映

人生最大的安慰，莫过于有人为了你奋斗，和有人值得你奋斗。

The most precious comfort in life is having someone fighting for you, and having someone worth fighting for.

水九推荐电影 《小王子》（*The Little Prince*），2015

或许对这世界来说我们并不特别，
但在彼此心中却独一无二。

we may not be special to this world, but we are unique in the eyes of each other.

这部电影改编自全球畅销的同名小说，原本的故事述说的是名叫“小王子”（The Little Prince）的种种奇遇。小王子住在一个跟一栋房子差不多大小的星球B-612上，某天地上长出了一朵美丽的红玫瑰，让时常感到孤单的小王子开心极了。虽然玫瑰骄傲又善变，但只要能够每天看到她娇艳地盛开，就足以让他心满意足，所以小王子任劳任怨地照顾着玫瑰，替她浇水，替她除虫、挡风，还为她罩上了保护用的透明罩子。

后来小王子来到了地球，却发现地球上有好多和B-612上一样的玫瑰。她们一样娇艳，一样带刺，也一样让人心动。于是，小王子迷惘了，他的那朵玫瑰看来一点都不特别，为什么他还要替她付出那么多，甚至还得忍受她的种种无理取闹……难过的眼泪，仿佛是在懊恼自己费尽了心思，却只得到了一朵到处都看得到的花儿。此时狐狸出现了，它告诉小王子：**“因为你在自己的玫瑰上倾注了时间，所以才使得你的玫瑰如此重要。”**

狐狸的回答给了这个问题一个最好的答案，也点醒了小王子，而所有恋爱中的人也都应该牢牢记住——你的另一半就像是你的玫瑰，或许这世界上还有千千万万朵和她一样，甚至更美的花，但是，她们并不属于你。

你们选择了彼此，所以也就属于了彼此……即便在其他人眼中，你和你的玫瑰都很普通，但在彼此心中却永远独一无二！只有你，才能赋予你的玫瑰那艳冠群芳的美。

水尢说：不妨扪心自问，现在的“没感觉了”到底是对方的好真的荡然无存了，还是你只是“选择”不再珍惜那些曾经倾心不已的优点呢？

你应该还记得，在热恋刚开始的时候，你的心里眼中只有对方，别人再好你也不想多看一眼，那种强烈的感受吧。

“爱”除了是一种感觉、一种行动，爱更是一种责任。就像小王子和他的玫瑰或是狐狸一样，如果你今天想要拥有对方，你就要负起“驯养”对方的责任。后来当小王子明白了这个道理之后，他向那些外表看起来和他的玫瑰很像的花儿们说了这段话：**“……单单她一朵就比你们上百朵更重要，因为她是我浇灌的，是我放进玻璃罩子里的，是我放到屏风后面保护起来的……因为她的哀怨和骄傲，甚至有时候连她的一语不发，都是我在倾听着，因为她是我的玫瑰。”**——《小王子》

只有你能让你的玫瑰继续盛开，先诚心诚意地浇灌，然后再说以后吧！

同场加映

《暖暖内含光》

（*The Eternal Sunshine of the Spotless Mind*），2004

真正的感情，不会突然就没了；深刻的记忆，不会轻易就忘了。

Deep memories don't just fade; true feelings don't just go away.

《完美感觉》（*Perfect Sense*），2011

即使看不见也摸不到，爱能带给你的感受，却比一切都还要强烈。

Love can't be seen or touched; yet the feeling can be stronger than all the other senses.

同场加映

《房间》（*Room*），2016

因为有你借给我勇气，我才能为了你坚强。

The courage you give me is what allows me to be strong for you.

13 爱情没有对错

你是否一直希望在爱情中能够遇见自己心仪的伴侣，却总是事与愿违？因此，在受过几次伤、经历几次心碎之后，你开始怀疑，这个“对的人”是否就只出现在爱情电影里，根本就不存在于真实世界中？

而且，明明你很用功地花时间修这个学分，为什么感情这门课还是一直不及格？

《远离尘嚣》（*Far from the Madding Crowd*），2015

我们都知道真心难得，却总是将真心交给一个不懂珍惜的人。

we all know how valuable our heart is, yet we tend to give it to someone who doesn't know how to cherish it.

芭丝谢芭（Bathsheba，凯瑞·穆里根饰）出生在维多利亚时期的英国，个性独立又好强的她，陆续遇见了三位出身背景、性格与爱情观完全不同的男性。最先向芭丝谢芭表达爱意的是家乡的牧羊人加布尔（Gabriel，马提亚斯·修奈尔饰），当时的她不想被婚姻绑住，成为一个平凡的牧羊人的妻子，于是拒绝了加布尔。后来芭丝谢芭继承了叔叔的家产，成为一个庄园的主人，此时邻居富豪威廉（William，麦克·辛饰）表达了爱慕之心，但芭丝谢芭仍不想就这样失去独立的机会，因此又婉拒了威廉的求婚。

正当芭丝谢芭想要将感情暂时放在一边，专心经营家业时，年轻帅气的军官弗朗西斯（Francis，汤姆·斯图里奇饰）出现，对她展开了热烈的追求。对当时的芭丝谢芭来说，这样的激情是她从来没有感受过的，也是当时最渴望的，于是她很快深陷进去。殊不知弗朗西斯对她并非真心，而这段短暂的婚姻也以心碎收场。在经历了风风雨雨之后，芭丝谢芭终于明白，一直以来默默守在她身边的加布尔，才是她心中真正所爱。最后她也鼓起了勇气，追上准备离开的加布尔，向他表明心意 。

原著的作者将三位男主角刻画成，所有女性在一段感情中最需要的三个基本元素——激情、面包和陪伴，而独立又坐拥财富的芭丝谢芭当时缺乏的就是激情。这个在当下看似最渴望的东西，却让芭丝谢芭做出了错误的判断及选择……

水某说：如果想知道一个人是不是那个对的人，就要先弄清楚自己要的是什么样的感情。

记得有一次，我跟水尢在讨论《宿醉》（*The Hangover*）中男生的各种荒唐行为时，水尢突然冒出一句："你应该感恩，你老公一点都不喜欢去狂欢！"

我吐槽他一句："要是你喜欢狂欢，我当初就不会嫁给你了！"

本来以为水尢又要刁钻地想一些无聊的论点来反驳，没想到他只是笑着回说："好像是呀！"就继续看他的电影了。他这种带点傻气的可爱，我婚前就知道。

想要知道一个答案对不对，通常要先弄清楚问题是什么。就像有些人明明向往脚踏实地的家庭生活，却老是喜欢上那些沉浸玩乐及享受的人，然后在受伤之后抱怨"那个不对的人"——而这也许才是真正的问题，也是答案了！

水九推荐电影

《蓝色大门》（*Blue Gate Crossing*），2002

或许你等的不是一个对的人，
而是那个对的时间。

Perhaps what you're waiting for is not the right person,
but the right time.

孟克柔（桂纶镁饰）和林月珍（梁又琳饰）是非常要好的高中同学，因为月珍喜欢同校的男生张士豪（陈柏霖饰），但又不敢告白，就拜托好友克柔帮忙。但士豪却误会了，反而开始对克柔展开热烈追求，然而克柔真正喜欢的，却是月珍。

错综复杂地感情牵扯，让三个年轻人吃了不少苦头。克柔和士豪之间一直有一种独特又暧昧的氛围，即便知道对方的心意，即便知道不可能在一起，两人却没有停止互相关心和鼓励；士豪没有放弃喜欢克柔，同时也鼓励克柔勇敢向月珍表达心意。然后，他这样对她说：**“如果有一天你开始喜欢男生，一定要第一个告诉我！”**

近期我再看了一次这部电影，陈柏霖在这部电影中扮演的张士豪，让人联想到后来让他爆红的角色“大仁哥”，那种带着傻气的痴情，加上乐天而不失稳重的肩膀，相信是许多女性心目中的真命天子。但是，我的心里却有另一种想法浮现：如果换一个时空，结局会不会不一样？会不会是“当时”张士豪这个男生爱上了“当时”喜欢女生的孟克柔，所以两人才会错过？

水尢说：就算真的出现了两个“对的人”，最后却还是只有一个人最适合你！

事实上，在不同的时空、地点，在不同的条件下，我们可能会对同一件事做出不同的抉择。

人们常会把一段失败的感情归咎于遇人不淑，但其实“人”的因素在感情里只占了一部分。一个人的条件再好，要是出现的时机不对，或是你当时的状态不对，缘分就很有可能擦肩而过。

所以，有时候，不需要马上决定那个是不是就是“对的人”，或许先放一段时间吧，而时间能帮助你看清楚，谁才能走到最后。

不用执着于当初谁离你而去，因为你会遇到更多的人值得珍惜。

Don't hold on to those who have already left; you will meet more people worth cherishing down the road.

同场加映

《情归阿拉巴马》（*Sweet Home Alabama*），2002

很多人在寻觅了大半生之后才发现，
最好的那个人其实一直都在。

It takes many people a good part of their lifetime to figure out that the best person has always been here.

14 为了让自己被爱，你愿意付出什么来交换？

经营粉丝团三年多的时间，我们介绍了超过 1000 部电影。电影中有各种不同的人物，带着不同的烦恼，但都逃脱不了“自己”的烦恼：烦恼自己人生的意义，烦恼自己在别人眼中的意义，烦恼自己的欲望，烦恼自己的梦想……仿佛回应着真实人生。

我们有这么多的烦恼，也常常渴望着许多事，而“希望自己被爱”是其中最重要的。但是，为了被爱，你愿意付出什么来交换？包括改变自己也愿意吗？

水某推荐电影

《劝导》（*Persuasion*），2007

替别人着想虽然很好，为自己而活却更重要。

Think for others, but live for yourself.

这部电影改编自简·奥斯汀的名著《劝导》，女主角安妮（Anne，莎莉·霍金斯饰）是位温柔顺从的女孩，总是替别人着想，却很少为自己打算。故事开始的前几年，安妮曾经与一位英俊的年轻军官费德瑞克（Frederick，鲁伯特·彭利－琼斯饰）相恋，一度论及婚嫁，却因为费德瑞克并不富裕而不被祝福，在家人强烈反对和教母的劝导下，安妮决定压抑自己真正的感受，选择与心爱的费德瑞克分手。

后来安妮搬离原本的豪宅到巴斯（Bath）生活，并在那里遇见了威廉（William，托比亚斯·门基斯饰），他是具备了继承安妮父亲的财产与爵位资格的远房亲戚，对安妮也有好感。威廉和安妮门当户对，于是安妮的教母又一次劝导她，希望她接受威廉的求婚。安妮虽然对威廉有好感，但其实对费德瑞克一直并未忘情，一直到她再次见到了费德瑞克，才终于下定决心不再让别人安排自己的人生。

我们都知道，为人不能自私，应该为别人着想，但也不能一味听从别人的意见而改变选择。安妮的个性原本就比较软弱，所以当她和费德瑞克的感情出现了反对的声音，她选择了逃避，选择当那个大家心目中的乖女孩；她以为这样可以得到爱，事实上，她是将已经出现在面前的幸福给一脚踢开了。

水某说：如果你为了得到爱而强迫自己变成另一个人，不仅你会迷失，你让对方爱上的……也不是真正的你。

每个人都想要得到爱，也会愿意为了爱做出许多牺牲和改变，但这些改变，并不能改变你的真实本性。

就算你为了迎合对方将自己伪装起来，但要持续地、长久地伪装并不是一件容易的事，最后你还是要做回自己的，到那时候，对方是不是还会同样爱你，这个隐忧显而易见。

就放心地做自己吧！毕竟你喜欢的那个人若有真心，就会真心喜欢那个毫不做作的你。

《暮光之城》（*Twilight*），2008

爱就是让对方成为自己最大的弱点，
然后再用尽全力守护彼此。

Love is letting someone become your greatest weakness,
then doing all you can to protect each other.

水九推荐电影

《侧耳倾听》（*Whisper of the Heart*），1995

一段好的感情，会让你为了给对方更多的爱，努力让自己成为更好的人。

A good relationship will make you want to become a better person, so you can give each other even more love.

月岛雯是一个喜欢阅读、才华洋溢的女中学生，她常沉浸在书本里的剧情，让心情随之起伏。她经常上图书馆，也借很多书，后来她发现自己想要读的书，常有一个叫作天泽圣司的人早她一步借过，这不但引起了她的好奇心，也激起她想要超越对方，读更多书的欲望。后来，她见到了圣司本人——一个梦想着有朝一日要成为小提琴工匠的同校少年。虽然两人一开始有一些小摩擦，共同的兴趣却让两人越走越近。

两人在不知不觉中相爱了，但当月岛看到圣司这么有想法以及有计划地为梦想努力时，她开始为自己的平凡感到不安。为了让自己能追上圣司的脚步，她决定要完成一部奇幻小说来测试自己的能耐和决心。从没写过小说的她靠着毅力，拼上课业、牺牲睡眠，没日没夜地写，最后竭力完成了她的作品，还得到了圣司爷爷的肯定。

远在意大利受训的圣司仿佛回应着月岛的努力，在她小说完成的隔天，提前回到了日本。迫不及待地想要见到月岛的圣司，一大清早就在她的窗下等待，两人共乘一辆脚踏车朝着山上前进。载着两人的脚踏车爬坡爬得很吃力，圣司此时对月岛说：**“我很早就决定，要载着你上坡！”**月岛闻言却跳下了车，一边帮忙推着车，一边说道：**“我不想只做你的包袱，我要支持你！”**如此简单而情深的对话，让两人的爱情是如此坚定又成熟。

水丸说：两个人，若只有一个人在往前走，或是各自朝着不同的方向前进，最后就只能渐行渐远了。

这个故事很感动我，月岛和圣司看待彼此的态度，让两人的关系变得好清澈。

表面上，月岛和圣司两小无猜，但在确定对方的心意后，却能决定不把心思一直放在对方身上，也不去担心对方是否坚定不变，他们共同选择了让自己变得更为独立坚强，然后一起努力，朝着两个人的梦想前进。

毕竟，为了自己而改变，同时也跟对方一起改变，这就是成熟的爱。而他们是如此努力让自己变得更好、更强大，因为只有这样，才会有能力——给对方更好的爱。

同场加映

《丑女也有春天》（*The DUFF*），2015

你能给自己最好的礼物，就是做自己。快乐是一种选择，人生不是用来取悦别人的。

The best gift you can give yourself is to be yourself. Happiness is a choice; life isn't about pleasing others.

最美好的爱，是让两人能一起成长的爱。

The best love of all is the love that lets you grow together.

同场加映

《大鱼》（*Big Fish*），2003

一生中最大的感动，就是被自己深爱的人所理解。

The most heartfelt feeling of all is being understood by those who you love the most.

15 在矜持与武装底下，那些没能好好说的爱

在我们一起出席的场合里，常常被问到的一个问题就是——应该如何经营一段稳定的感情?

一开始被问到的时候，我们其实不太知道答案。说真的，我们并不是爱得轰轰烈烈那一型的，也不是说多会控制彼此的情绪，时不时地吵架也在所难免……后来，我们认真地花了不少时间讨论，然后我们发现了，一段稳定感情的关键也许就在“沟通”两字。

水某推荐电影 《傲慢与偏见》(*Pride and Prejudice*),2005

不懂你的人,会用他所需要的方式去爱你;懂你的人,会用你所需要的方式去爱你。

Those who don't understand you will love you in the way that they need to be loved, those who do will love you in the way you need.

改编自简·奥斯汀（Jane Austen）经典名著的这部电影，叙述的是一位名叫伊丽莎白（Elizabeth，凯拉·奈特莉饰）的年轻女孩与一位贵族公子达西先生（Mr. Darcy，马修·麦克费登饰）的爱情故事。身为一个逐渐没落家族次女的伊丽莎白，面对母亲施加的结婚压力，仍一直坚持要追求真爱，不愿意妥协。英俊潇洒的达西先生看似是很适合她的对象，但他的傲慢却让伊丽莎白感到厌恶，故事就在两人的相处与互动中展开。

虽然达西先生很欣赏伊丽莎白，但根深蒂固的贵族优越感竟让他说出“即便你的社会阶级较低，我还是深爱着你”这样离谱的求婚词！伊丽莎白当然无法接受，断然拒绝了他。伊丽莎白或许不像达西先生那样不解风情，但她自我投射的偏见，导致对达西先生的认识也很武断、片面。于是，两人总是处在对立中，对话也总是针锋相对。

然而达西先生对伊丽莎白是真心的。他尝试检讨自己，并改变了自己的态度与做法；当他了解到伊丽莎白的偏见一时无法化解时，他选择耐心等候，并且竭尽所能地帮助伊丽莎白的家族。最后，伊丽莎白明白了达西先生的苦心，也发现两人之间其实有很多相同、并且彼此吸引的地方，两人终得以走在一起。

水某说：虽然不容易，但先试着理解对方想要说的，从中找出你们共同想要的，然后你会发现——两人的差异其实没有这么大。

达西先生一开始只想要让伊丽莎白接受自己的爱，却忽略了她是个非常有想法的女孩，也没有留心自己的骄傲让人退避三舍。

所以，当你试着和你的另一半沟通时，不要只顾着抒发己见，或一味地把焦点放在两人的分歧上。

毕竟，你们本来就是两个独立的个体，在共同的目标下牵手走在一起，而尊重对方不同的想法，是无论处在什么样的关系上，一种必要的智慧。

《黄色大象》（*Yellow Elephant*），2013

任何关系里最重要的就是沟通；少了沟通，你们就只是两个陌生人。

The key to any relationship is communication; without it, you are just two strangers.

水九推荐电影 《倾听女人心》（*What Women Want*），2000

沟通的关键在于，听出那些没说出来的话。

The key to communication is listening to what's not being said.

要想让男人搞懂“女人到底在想什么”，除非有读心术。这部电影中作为广告公司高层的尼克（Nick，梅尔·吉布森饰）在一次意外中获得了这项能力。尼克是个非常沙文主义的人，想法不但肤浅还充满性别歧视，所以身边的女同事，甚至自己15岁的女儿，都觉得他是个很讨人厌的男人。想当然，当公司要聘请业界知名的广告人达西（Darcy，海伦·亨特饰）时，尼克理直气壮地感到非常不快。

然而，达西的出色表现马上就威胁到尼克的地位，逼得他不得不想出对策。在一次触电的意外后，尼克神奇地开始能够“听得见”女人的思绪。尼克毫不迟疑地利用了这个能力，并在一夜之间成为最了解女人的男人。他卑鄙地滥用能力，将许多达西在工作上的想法占为己有，一度让达西误以为自己能力不足，而动了辞职的念头。

幸好尼克不是一个毫无良知的人，当他“听见”身边所有的女人都打心里讨厌他的时候，还是会感到难过……因此他开始修正自己，也开始替别人着想了。最后，虽然他失去了超能力，他却发现，只要能够多留意对方的一些细节，懂得聆听，就算不能再“听见”对方的想法，也一样能“理解”对方了！

水尢说：当你试着去推敲那些没说出口的话时，你会发现，你反而听到了更多、更贴近真实的话……

梅尔·吉布森在这部电影里面有很逗趣的演出。为了想要知道女人在想什么，他尝试穿上了女生的性感内衣，学女生化妆，体验除毛的感觉……当然，除了受尽皮肉之苦，什么也没有领悟到！

当我们无法理解对方的想法，就会觉得对方是一个很难沟通的人。但事实上，我们不是“无法”理解，而是“不想”理解，或是不够努力尝试去理解！

原本约好晚上吃饭，但男朋友却迟到了；因为他道歉时的语气不够诚恳，因此两人大吵了一架，殊不知男朋友刚刚是被客户臭骂了一顿才迟到的，心情正低落着……

很多争执都是只在表面上的原因打转，因此争执才会愈演愈烈，因为各自的内心都藏着没说出口的委屈，本来是“还来不及说”，莫名演变成“不想跟你说”，想一想，两人是不是都很冤呢？

即使两人之间还有爱，但要是少了沟通，还是会造成伤害。

Even if love remains, you can still hurt each other if you don't talk to one another.

成长的
第一个阶段：
放开手

成长的 第二个阶段：往前走

16 成长的第一个阶段：放开手

我们曾经替电影《涉足荒野》（*Wild*, 2014）下过注解："成长有两个阶段：放开手与往前走。"

当我们想要走出爱情的伤，我们就需要成长。

恋人们不会去预先设想分手的场景，所以在分手当下觉得不知所措，随着情绪纠结在分合之间，是很正常的表现。如果双方都没有感觉了，就能够和平分手，继续寻找下一段幸福；但如果只是其中一人想分手，另一方却还想在一起，就很可能会上演一方避不见面，另一方苦苦纠缠的戏码，最后弄得两败俱伤。因此，疗伤的第一步，就是学会放开手。

水某推荐电影

《大眼睛》（*Big Eyes*），2014

将某些人从生命中剔除，不是厌恶对方，而是尊重自己。

Some people just aren't supposed to stay in your life. Do yourself a favor by cutting them out.

一段感情无法继续的原因实在太多了，就算是当事者本人恐怕也无法一一说清楚。而两人既然已经走到终点，就要勇敢地下定决心，这不仅是为了自己，也是为了两人的未来幸福着想。

玛格丽特·基恩（Margaret Keane，艾米·亚当斯饰）是一位当代知名的画家，以作品人物都有着一双大眼睛而闻名。玛格丽特年轻的时候与前夫感情破裂而决定分开，在最无助的时候，她遇见了一位自称是画家、口才不凡的男子沃尔特·基恩（Walter Keane，克里斯托弗·沃尔兹饰）。因为她太想要一个幸福的家庭了，玛格丽特很快就把自己的一切交给了沃尔特，两人在一开始也度过了一段颇为幸福的日子。

在沃尔特的三寸不烂之舌宣传下，玛格丽特的画作成了炙手可热的艺术品，而为了表达对沃尔特的爱，玛格丽特同意在自己的画作上签上沃尔特的姓。没想到，沃尔特因此对外宣称，所有的画作都是出自他而不是玛格丽特之手。为了家庭的美满，玛格丽特一直忍气吞声，任由沃尔特变本加厉地消费她。但长此以往，玛格丽特的心情还是大受影响，心中那股哀怨也在她的画中人物一双双的大眼睛中表露无遗。这样不健康的关系一直持续到沃尔特扬言要对她的女儿不利，玛格丽特才惊觉不能再这样下去了！玛格丽特终于鼓起勇气和沃尔特对簿公堂，不只要和他断绝关系，也要为自己长久以来所受到的委屈和不义讨回公道。

水某说：与其一直抱怨为什么别人一直伤害你，或许你该问问自己，为什么一直让这样的事发生在自己身上？

玛格丽特作为一个才华横溢的画家，要养活自己与女儿绰绰有余，却因为对自己没有信心，也不懂得尊重自己，才纵容了丈夫在这段感情里对她予取予求。而若不是丈夫挑战了她的底线，说不定她还不会醒悟，继续扮演爱情中那个弱势的角色。

当一段感情需要结束的时候，每个人面对的不会是一样的课题。然而，每一个希望得到幸福的人，都可以从这部电影中得到一些体会，那就是：确定无法继续了，就要勇敢放手。

结束一段关系也许是悲伤的，但是不结束就会一直悲伤下去，接着可能就会受伤……而这真的是你想要的吗？

《后裔》（*The Descendants*），2011

有时候能让停滞的人生继续前进的，
只有放手。

Sometimes the only way to start a paused life is to let go.

马特·金（Matt King，乔治·克鲁尼饰）是夏威夷皇室后裔，他的家族拥有广大的土地及雄厚的政商影响力。马特身兼律师工作及家族的法定代理人，忙碌的他一直以来都没有察觉自己与家人间的隔阂。这一天当他正忙于处置祖产时，他的妻子（Elizabeth，派翠西亚·哈丝提饰） 却因一次意外而昏迷。然而真正出乎他意料之外的，是平常跟他关系也不是很好的女儿亚利桑德拉（Alexandra，谢琳·伍德蕾饰）竟在此时告诉他，妻子伊丽莎白其实已经背着他外遇了很久，甚至打算与他离婚。

刚开始马特完全无法接受，愤怒、伤心、羞愧、心疼……各种情绪袭击而来，甚至一度在病房内对着昏迷的妻子怒吼！受到打击的马特，此时仿佛人生整个暂停了，每一天都像行尸走肉。他无心处理公事，也不知道该怎么面对两个女儿，更不知道是要原谅妻子，还是诅咒她早点离世。作为一个丈夫的自尊心使然，马特决定先把情夫揪出来，狠狠地教训一顿。

因为有两个女儿的陪伴，马特的心情在解开“绿帽疑云”中，有了意想不到的转折。马特发现，自己作为丈夫以及父亲的角色也有很多的问题：他对妻子不够关心，对女儿也不够了解，他自己也没有扮演好自己的角色。因此，他领悟到发生过的事实无法改变，他和两个女儿的未来才是现在最重要的！他决定不再逃避，但也不想遗忘——于是，他选择了接受和原谅；他在妻子的病床前对她说：

“再见了，我的爱、我的朋友、我的伤痛、我的快乐。永别了。”（Goodbye, my love, my friend, my pain, my joy. Goodbye.）

水尢说：我们总是要失败了，才能真正学到一些东西……

结束不一定就是坏事。有些人会让自己一直抱持受害者心态，一心想着报复，结果只是让自己的人生停滞不前。

其实我可以理解的……就是不——甘——心，对吧？所以不放手，为的是咽不下一口气！“我付出了这么多，为什么没有得到我想要的？！”就是这样的一口气，怎样都无法吞忍。

然而，就算走到最后仍是遍体鳞伤，你也不需要抹去一切——那些你曾经付出的感情，还有曾经得到过的、对方的感情。不过是你们俩没有走到最后而已！你的幸福以及你的人生，不会因此就到了结局。

同场加映

《成为简·奥斯汀》（*Becoming Jane*），2007

有时候放手需要的勇气，远比坚持要来得多。

Sometimes letting go takes a lot more courage than holding on.

放手不是不爱你，而是因为太爱你，所以希望你快乐。

Letting go doesn't mean I don't love you anymore; it means that I love you so much that I want you to be happy.

同场加映

《海明威与盖尔霍恩》（*Hemingway & Gellhorn*），2012

有时候一段感情会结束，不只因为看透了对方，更因为你认清了自己。

An understanding of yourself, not just of the other person, can sometimes be the reason why a relationship ends.

17 成长的第二个阶段：往前走

再深的伤也会随着时间的推移慢慢复原。只是，有人会从此封闭心门，而有人则会勇敢地追求新恋情。

人生中有许多课题不是靠自己就能够领悟的，尤其是感情。你看见的不过是感情的一部分面貌而已。所以，试着用感恩的心情往前走吧！没有人可以保证前方一定有属于你的幸福，只有你自己才能创造属于自己的幸福！

水某推荐电影

《时光尽头的恋人》（*The Age of Adaline*），2015

不要因为害怕失去，就选择不去拥有；心碎，证明你曾经真的爱过。

The fear of losing someone should never stop you from loving them. After all, heartbreaks are proofs that you once truly loved.

出生于 1908 年的阿戴琳（Adaline，布蕾克·莱弗利饰）原本是一个平凡的女子，却在 29 岁的时候出了一场意外，黑夜中的一场暴风雨使得她连人带车摔进了路边的一条小溪中，车祸的冲击加上冰冷的河水，使她瞬间休克；随即又被一道闪电击中，她再度有了心跳……这场意外，让她从此不会变老。

然而，这个看似全天下女人都梦寐以求的不老奇迹，对阿戴琳来说却是无止境的折磨。除了每隔数年就要改名换姓之外，她也被迫放弃了平凡人的幸福——爱情。每当她生命中出现了想要珍惜的对象时，都会因为害怕自己的不老秘密被发现而选择逃避。数十年过去，她终究选择了不再对任何人心动，这样自己不会再受伤，也不会伤害到别人。

然而有一天，埃利斯（Ellis，米契尔·哈思曼饰）闯进了她的生命中，深深地被吸引的阿戴琳陷入了天人交战，爱人的感觉和被爱的感觉让她心动不已，但一想到自己千疮百孔的心以及那些被自己伤害过的人，又让她踌躇不前，殊不知这一次的相遇，将再一次改变自己的命运……

水某说：明明想要爱却不敢爱是一种选择，是一种辛酸的选择。

“若不能一起变老，爱就失去了它的意义”（Love is not the same if there's no growing old together）这句话是电影中的不老女主角和自己已经当了祖母的女儿所说的话。

就如同许多曾经被爱伤透了心的人，女主角宁愿一人寂寞也不愿意再爱，就因为不想再次经历那种心碎。然而，明明是很想珍惜的缘分，却只能眼睁睁地逼迫自己放弃，的确是很令人心痛的事！

事实上，我们都没有长生不老的岁月去错过一次次的机会，因此何不选择勇敢地去追求？在短暂的人生中，勇敢地爱，勇敢地痛！

《百日告别》（*Zinnia Flower*），2015

所谓释怀，就是用一种自己能够接受的方式放手。

Moving on is finding a way that you can live with to let go.

水九推荐电影

《附注：我爱你》（*P.S. I Love You*），2007

爱能抚平，爱留下的伤。

Love heals scars love left.

霍莉（Holly，希拉里·斯万克饰）和格里（Gerry，杰拉德·巴特勒饰）是一对年轻夫妻，即使偶尔会因为小事争吵，但两人一直过着甜蜜的生活。可惜好景不长，格里因为脑瘤而英年早逝，只留下霍莉独自沉浸在两人曾经共有的美好回忆中。某天，霍莉无意间发现格里生前留给她的一封信，信中则藏了一些线索，刻意要让霍莉循线一一找出来。

那些被找出来的信件中藏有不同的指示，让人生顿失所依的霍莉，通过格里指示她去做的事，一步一步走出封闭的世界，同时也一步步实现了格里生前最大的心愿——让霍莉幸福。格里虽然再也不能像以前一样陪在霍莉身边，但他也没有停止用自己的方式继续爱她。

时间能够治愈人生中很多的伤，但有时候，也会有连时间都无法平复的那种伤，像是失去一个人的痛。那么选择逃避不就好了吗？不去触碰就不会痛了，不是吗？事实上，这样伤不但好不了，连带还会失去爱人的能力。不妨试着让爱来治疗伤痛吧，毕竟爱会带来勇气。再次开启的心房也许会受伤，但是你会再度找回爱与被爱的能力。

水北说：前方的爱情路走起来或许会很苦，但只要坚持往前，会比在原地打转要幸福。

爱情对很多人来说就像空气和水，是生命中的必要元素，失去时仿佛也失去了生存的意义。事实上，失恋像是一个人走进了空气稀薄的高山荒漠迷了路而已。

你不敢置信自己会迷路，你感觉呼吸不到足够的氧气，口渴得要命却找不到一滴水，痛苦得像是要死去一样。

你唯一的念头，就是想要尽快解脱。然而，唯一的解脱方法，就只有认清事实，继续往前走！因为，只有继续向前才有可能离开荒漠，也才有可能改变现状，不是吗？

释怀不是要你彻底忘记，而是就算偶尔想起，却不再被回忆牵动。

Moving on doesn't mean forgetting completely; it means the memories can no longer take a toll on you.

同场加映

《裁缝》（*The Dressmaker*），2015

忘掉那些曾经伤害过你的人，但要记住他们教会你的事。

Forget about those who have hurt you, once you have learned what they have taught you.

18 一见没有钟情，然后呢？

你一定看过类似这样的故事：一个风流不羁的帅气男孩，某天在街上巧遇一个美丽大方的女孩，两人一见钟情，即使全世界都反对，但最后两人排除万难走到一起，从此过着幸福快乐的日子。

回到现实生活中，能长久的感情大多是需要靠时间来滋养的。尽管如此，仍有人抱持疑问：如果一开始没能一见钟情，两人后来还能够白头偕老吗？ 少了一开始看对眼的那种心动，日子一久会不会容易感到厌倦呢？

水某推荐电影

《电子情书》（*You've Got Mail*），1998

比一见钟情更浪漫的，是慢慢地了解一个人以后，彻底爱上他。

what's more romantic than love at first sight is getting to know someone slowly, then falling in love completely.

在那个还没有微信的年代，最让人期待的，就是打开信箱时看到有未读的邮件。乔（Joe，汤姆·汉克斯饰）是大型连锁书店的负责人，通过不断扩店和并购来挤压传统书店生存空间，而他即将开幕的书店威胁了街对面一间有着数十年历史的儿童书店！乔和儿童书店的老板凯瑟琳（Kathleen，梅格·瑞安饰）为争立足之地而剑拔弩张，但在虚拟的世界中，两人却成了无话不谈的网友。

就网友来说，两人原本都不知道彼此是谁，直到乔在相约见面的餐厅外紧张徘徊时，才意外发现凯瑟琳就是他心仪的网友！从此，他对她的感觉开始改变；就算商场上的竞争与胜败无法回避，他还是与凯瑟琳发展出越来越亲密的感情。当乔终于以网友的身份出现在凯瑟琳面前，一切真相大白时，凯瑟琳才发现，她早就已经爱上了乔……

虽然这个故事很戏剧化，但我仍觉得故事里的人物呈现出了感情里真实的一面。乔和凯瑟琳一开始因为生意上的竞争而对彼此有成见，产生了很多误解，但两人通过信件讨论交心时，成见和误会都消失了。也是因为这样，两人才有机会真正认识对方！因此，两人之所以最后还可以走在一起，不是单纯只是为对方心动而已，两人之间，其实已经有过许多的相互理解了。

水某说：一见钟情的故事虽然浪漫，事实上那只能够让一段恋情比较快地发生，不代表两人就一定可以天长地久。

虽然时代不同了，现今的网友们已很少用电子邮件这种比较不及时的方式沟通了。而在互联网越来越方便快速之下，你一定常常都在忐忑着：在虚拟世界认识的那个人，会不会跟现实相差太多？会不会一见以后不只没有钟情，还让之前的美梦破灭了？

然而，不管屏幕中的美梦看起来有多美，毕竟不是真的，除非你只打算做他一辈子的网友，否则就一定要从虚拟世界走出来，用原本的样子去面对彼此。

因为，只有让彼此看见、看清那个最真实、最好的自己，才能判断彼此是否值得更进一步，不只是在当下而已，还有在未来，说不定他就是你真正想珍惜的那个人呀。

不要轻易推开关心你的人，毕竟有人愿意懂你，是难得的幸福。

Don't push away those who try to care for you. Having someone who understands you is a rare blessing in life.

水九推荐电影

《恋恋笔记本》（*The Notebook*），2004

现在很爱，那叫喜欢；永远喜欢，才是爱。

If you love someone now, it's called affection; if you like someone forever, then that's called love.

20 世纪 40 年代的南卡罗来纳州，穷小子诺亚（Noah，瑞恩·高斯林饰）爱上了富家千金艾丽（Allie，瑞秋·麦克亚当斯饰）。两人一见钟情，也爱得火热，然而家庭背景的差距让两人一路走来充满了挑战。年轻气盛时两人常常吵架，甚至一度分手过……后来经过几番波折，两人才终于和好，携手步入了婚姻。

时光飞逝，两人转眼已成了白发苍苍的老人。经不起岁月摧残的艾丽得了失忆症，对于当年的一切，甚至是诺亚都已经不复记忆。但曾发誓不离不弃的诺亚坚守着他的承诺，每天陪在艾丽身边述说着他们当年的点点滴滴，一直到最后两人相依在病床上咽下最后一口气，诺亚仍然紧紧握着艾丽的手，并且约定在生命的另一端再次相逢。

这对恋人一相遇就彼此钟情、陷入热恋，却仍经历了敌不过现实的分手。后来，当两人再次见面、旧情复燃时，两人都超越了一见钟情时的冲动，才让这段感情能够经得起考验。“我爱你”谁都能说出口，但是爱不能光靠嘴巴说，还要用行动来证明。现在和你说的“很爱”，只是一种当下的状态；当他用一辈子的时间喜欢你，刹那间，两人之间才真的变成了永恒。

水尢说：人们常陷入“因为相爱而了解，却因为了解而分开”的迷思。

我到现在都记得，水某在刚认识我的时候，觉得我很傲慢，甚至……还有些讨人厌！然后，一晃眼我们已经走进婚姻第五年了！我却深深觉得，感情如果能携手走过每一阶段，关键在于——你爱上的是不是那个不做作、真实的对方？

当你沉浸在一见钟情、热恋的浪漫中，会让你看不清对方身上的缺点。然后，当恋爱的感觉没有这么热了，你们开始走入下一段关系的考验，这时所有的大大小小的缺点将被放大审视。

重点来了——这时的你，将会张开双臂迎向他、包容他，或是与他对立拔河，甚至放弃他呢？

你不是奇怪，是特别。别担心，你只是还没有遇见懂得欣赏的人。

You're not weird, you're special. Don't worry, you just haven't met those who appreciate that fact yet.

同场加映

《我们所知道的生活》（*Life as We Know It*），2010

一段真挚的感情需要的不是完全契合的两个人，而是愿意为爱妥协的两颗心。

A perfect relationship isn't made of two people who are perfect for each other, but two hearts that are willing to compromise for one another.

19 是该结束了，还是该原谅彼此？

即使，你已经处于一段你已许下承诺的感情中，你还是有可能遇到另一个让你感到心动的人。此时，如果受到诱惑的一方把持不住，就会发生“出轨”的事 。

没有人喜欢被背叛，因为付出了信任，因为不仅只是信任这个人，还付出了感情！然而，当背叛已是既成事实，我们究竟该如何在破裂的关系中做出明智的选择，并且从伤痛中释怀呢？

水某推荐电影

《桃色交易》（*Indecent Proposal*），1993

一段感情在两种情况下注定会失败：停止爱的时候，和开始怀疑的时候。

A relationship is likely to fail when one of two things happens: you stop loving, or you start doubting.

戴维（David，伍迪·哈里森饰）和黛安娜（Diana，黛米·摩尔饰）是一对年轻恩爱的夫妻，戴维是个建筑师，黛安娜则是房地产经纪人，但在经济衰退的冲击之下，两人都破产了。孤注一掷的夫妻俩带着仅剩的积蓄和最后的希望，来到了赌城拉斯维加斯，希望能够出现奇迹。

无奈天不从人愿，他们还是输光了一切。正当两人陷入绝境时，遇到了富商约翰（John，罗伯特·雷德福饰），他开出了一个诱人的条件，只要黛安娜愿意陪伴他一晚，他愿意给出100万美金！一无所有的两人在内心激烈交战后，接受了约翰的提案。但在这一晚后，从此夫妻间就出现了裂痕。黛安娜虽然受到现实所逼而失身于约翰，她的心却从头到尾都没有背叛丈夫。然而，两人怎么也无法忘怀那个晚上的事。后来，就演变成，黛安娜责怪丈夫当时没能坚持拒绝，戴维则怀疑妻子的心已经不在。

在深刻的阴影下，两人一度分手。然而，在失去了对方之后，他们开始深切地感受到对方的重要性，最后还是重修旧好。虽然这仍是一件他们永远无法忘记的事，但就像电影里所说的：

“相爱的人会记住对方所做的事。如果他们还是选择在一起，不是因为忘记，而是因为原谅。”（The things that people in love do to each other, they remember. And if they stay together, it's not because they forget. It's because they forgive.）

而我们要做的，不仅是原谅对方，更重要的是，要原谅自己！

水某说：错误可以原谅、体谅，但猜忌和缺乏安全感才是两人之间的头号杀手。

如果说，“出轨”的发生不只是出轨那一方的问题而已，甚至被出轨的那一方也同样要负责任，可能很多人会不赞同吧。毕竟，不守承诺就是背叛，偷情就该受到严厉的指责，是非黑白更是一定要清清楚楚！

只是，爱情本身没有对错，只有爱情发生在错的人身上、错的地点，或是错的时间时，才会发生对与错的状况。

当我们出轨了，或者是被出轨了，我们都需要想想——原来相爱的两颗心怎么会这么脆弱，如此经不起考验？

两人是错在一开始，或是两人已经走到尽头，该是结束的时候了？或许，是否该原谅彼此？而这些由理智做主的问题，很少人能够面对……

水九推荐电影

《偷情许可证》（*Hall Pass*），2011

真心想在一起的人，总是努力着找出相爱的方法，而不是忙着去想不爱的借口。

If two people truly want to be together, they will be busy finding ways to love, instead of excuses to leave.

“男人千万不要只剩一张嘴”这句专吐嘈男生的玩笑话，就像在说电影中的两位主角里克（Rick，欧文·威尔逊饰）和弗雷德（Fred，杰森·苏戴奇斯饰），他们老抱怨自己的人生是因为结婚才没了色彩，因而两人一凑在一起，话题都围绕着女人，那些不着边际的幻想，对女性身材的评头论足，或是无聊的话：如果没结婚的话一定是过着美女在抱、夜夜风流的生活……

在一次当众出糗后，两人的老婆决定听从朋友的意见，给他们一张为期一周的“偷情许可证”，也就是同意老公在期间内尽情出轨，绝对不找他们麻烦，而里克和弗雷德更是如获至宝般，对于这一周充满了期待和无限想象。

然而，经历多年婚姻生活的两人，对这突如其来的自由反而无法适应，期间多只和朋友吃吃喝喝，跟以前一样，除此之外，真正重新开始泡妞之后，却发现事情不如自己想象的那样美好顺利。虽然两人对于最后“守住了贞节”感觉有些无奈，但经过了这一周，他们明白了自己拥有的伴侣就是最好的，未来唯一要做的，就是要更珍惜彼此。

水九说：不被尊重的感觉，渐渐地终将扼杀并取代爱情的感觉。

减少或断绝任何诱惑出现的机会，不一定能防范出轨的发生！

当你缺乏安全感的时候，就会开始想着紧迫盯人，你可能会逼迫对方到每一个地方都需要报备，或不能单独出席有异性的场合。

这些限制看在被要求的一方眼中，代表着——不被信任。

时间一久，两人之间的关系会变得烦躁、容易起冲突，因为两人失去的不只是信任，还有尊重，而这两者是滋养爱情的根；失去了根，爱情将不可避免地走向枯萎。

很多事如果在冲动下做出决定，就会在清醒后开始后悔。

If you make decisions based on impulses, you will most likely regret once they fade.

同场加映

《姐姐的守护者》（*My Sister's Keeper*），2009

最难承受的压力，是来自心爱的人的压力；最难克制的关心，是对于在乎的人的关心。

It's just as hard to endure pressure coming from those who love you, as it is to hold back caring for those who you love.

20 承诺不是一种约束的手段，而是紧紧相依的牵绊

你有多希望在爱情中得到保障？当不确定感席卷而来时，再聪明的人也会失去判断的勇气，而自信的人瞬间也会变得软弱。此时，有些人就会试着寻求庇护，找出稳定彼此心意的保障，于是……誓言、婚约，甚至是孩子，就被拿来利用，变成了谈判及约束对方的筹码。

水某推荐电影

《情敌复仇战》（*The Other Woman*），2014

懂得对自己珍惜，就不用忍受别人的不珍惜。

If you cherish yourself, you don't have to put up with people who don't.

卡莉（Carly，卡梅隆·迪亚茨饰）原本事业与爱情两得意，有一天却发现男朋友马克（Mark，尼可拉·科斯特—瓦尔道饰）竟然是有妇之夫。卡莉原本打算立刻和马克摊牌，断绝来往，没想到马克的老婆凯特（Kate，莱斯利·曼恩饰）发现了卡莉的存在后找上门来。天真善良的凯特向卡莉诉苦，就这样渐渐变成好友的两人，开始协助彼此走出被同一个男人的伤害。

正当情伤开始复原时，卡莉和凯特却又在此时发现，马克竟然还藏着一个情人！怒不可遏的两人非常不甘心，于是又一起找到了正值妙龄、身材曼妙的情人——金发美女安珀（Amber，凯特·阿普顿饰），揭发了马克的无耻行径。

于是三个女人决定要制裁马克，一起计划了一场报复行动。然而在报复的过程中，她们又发现了马克的另一个情人。事情发展至此，她们都觉得已经够了！她们终于认清，马克的不断劈腿，不是因为她们不够好，而是马克骨子里就是个只会用下半身思考、不知满足的烂人！而这三个因为劈腿惯犯而被联结在一起的女人，最终领悟到了——幸福只能自己创造出来，让别人决定的幸福，就会被别人轻易地夺走！

水某说：没有哪一种条件一定可以保障爱情！若是一个不爱你的人，又能给你什么保障呢？

当我们遭遇不好的事，如被心爱的人背叛时，我们的第一反应通常是：为什么是我？为什么选择了她而不是我？然后，我们开始试着去寻找解答，“噢！原来她比我年轻漂亮”“原来她比我温柔多情”“原来她比我有新鲜感，更能让他开心”……我们以为问题出在自己身上，而答案掌握在别人手里，然而这是事实吗？

张学友的《情书》里有一句歌词写得很好：**“等待着别人给幸福的人，往往过得都不怎么幸福……”**

我们常常会忘记，幸福快乐只有自己可以决定！如果你一直都在等一个人给你幸福，那你真的不够爱自己，而不懂得爱自己的人，又要如何遇见对的人，如何被懂得爱你的人疼爱呢？

承诺，有时候只不过是一个骗子说给一个傻子听的话。

Sometimes a promise is merely something a liar says to a fool.

水九推荐电影

《他其实没那么喜欢你》

（*He's Just Not That Into You*），2009

维系感情的，不是约束，而是牵绊。

what holds a relationship together is not the bind, but the bond.

这部电影改编自同名畅销小说，故事发生在几位年轻的都市女子身上，每个人都有各自不同的感情问题——谁爱着谁、谁又不爱谁，谁付出多一点、谁又不在乎谁；有人快乐或圆满，有人离婚或分手。但是，对幸福的渴望是她们共同的追求。其中，贝丝（Beth，詹妮弗·安妮斯顿饰）和尼尔（Neil，本·阿弗莱克饰）这对交往了7年，贝丝一心想要结婚，但尼尔却认为两人的真心相爱比婚姻更重要。

此时，贝丝的好友遭遇了感情上的挫折，跑来和贝丝不停地数落男人的种种不是，贝丝的对号入座加上好友的煽风点火，终于击垮了她对尼尔的最后一丝信心，于是便给尼尔下了最后通牒逼他表态！果不其然，在被拒绝后，贝丝决定和尼尔分手。

后来贝丝的父亲心脏病发作，使得贝丝必须扛起照顾家庭的责任。当贝丝忙得焦头烂额时，却看到家里的“男人们”（贝丝姐妹的老公们）只顾着玩游戏，贝丝既生气又难过，在她感到心力交瘁时，尼尔出现了，一个人默默地在厨房清洗着碗盘，安慰着贝丝疲惫的心……此时贝丝才明白，尼尔早就已经是她的丈夫了，不管两人结婚与否，他都会愿意负起照顾她的责任。

水尢说：当他/她比任何男朋友/女朋友都还要像一个丈夫/妻子的时候……

我很理解感情走到一个阶段想要进入婚姻的心情，但是那张结婚证书和那只婚戒对于你们两人的意义是不是一样的呢？婚姻及婚戒是法治社会里的规范及约束，但那绝非是两人之间爱的保障（别忘了除了结婚，也有离婚这种事耶！）！

男主角后来也做出了改变，因为如果“结婚”这件事对女主角来说很重要，他又有什么理由不能为她做的呢！

真正的爱，会是一种发自内心的牵绊。当你总是下意识地将对方的快乐放在你的心上，你的手自然就会紧握住她的手；之后，两个人都不会轻易放开手了！

《不一样的天空》（*What's Eating Gilbert Grape*），1993

一个人若甘愿付出，不只是因为有责任，更是因为有爱。

True devotion and commitments are inspired by two things: responsibilities, and love.

爱情，有时候
你得
先相信，
才看得到

2 / 爱情，有时候你得先相信，才看得到

幸福的定义每个人都不一样，而我们所分享的这些心得，都只是我们的体悟，因此最重要的还是你自己的领悟。

要先领悟了，然后才能勇敢追求。因为，不想爱、不能爱，甚至不敢爱的理由很好找；因为，只要放弃，什么坏事都不会发生。但换一个角度想，你不也因为放弃尝试而阻碍了好事降临在你身上吗？

水某推荐电影

《星运里的错》（*The Fault in Our Stars*），2014

人生中的相遇，重要的不是能停留多久，而是能留下多少感动。

what matters most in all of life's encounters is not how long they last, but how much you leave behind.

海泽尔（Hazel，谢琳·伍德蕾饰）是一个16岁的女孩，原本应该享受年轻生命的她，却罹患了晚期甲状腺癌。因为生命随时都有可能结束，使得善良的她刻意将自己封闭起来不与外人接触，但在母亲的坚持之下，海泽尔参加了一个癌症病友的聚会，因此认识了葛斯（Gus，安塞尔·埃尔格特饰），一个同样是癌症晚期，却乐观看待人生的大男孩。葛斯对海泽尔可说是一见钟情，但海泽尔却刻意地躲避他。

海泽尔不愿意接受葛斯的感情，一方面是不希望自己不可避免的早逝让葛斯难过，另一方面也认为自己生命如此有限，又何必去追求一段注定不会有好结果的爱情。用她的话来说，她觉得自己就像是个“会走路的定时炸弹”，伤害所有靠近她的人。但随着她与葛斯的相处越多，海泽尔却一点一滴地体会了——有缺憾才能使得生命更显得美好！就像葛斯在电影中说的那句非常感人的话：**“你不能决定在这个世界里是否会被伤害，但可以选择伤害你的是谁。”**（You don't get to choose if you get hurt in this world, but you do have some say in who hurts you.）

爱之所以神奇，在于我们对于一个人的爱，不会因为他的离开而改变或是有所减少。即便我们的生命有限，但是爱却是永恒的，只要我们活着一天，心爱的人就会活在我们的心里陪伴着我们。心爱的人总有一天会离我们而去，就因为如此，我们更应该珍惜彼此陪伴的每一刻，这样，当那一天来临时，就不会留下任何遗憾了！

水某说：比起互相陪伴的时间长度，能够在对方生命中留下多少回忆、带来多少感动，才更为重要。

“天长地久”是每个渴望爱情的人都希望能实现的梦想，但我们曾经看过一位读者的故事，她说跟丈夫之间早就没有感情了，但是丈夫一口气忍不下去，说什么也不愿意离婚……两个人就这样每天恨着彼此，却又摆脱不了对方。试问这种陪伴，哪里说得上有什么幸福和快乐？

如果你正对于一段感情没有信心，不知道眼前这个人可以陪着你走多远而不敢爱，或许，你应该把心思放在“如何能让相伴的每一刻都充满美好”，以及“替对方和自己留下深刻的感动和美好的回忆”上，因为光是这样的念头，就足以让人感到幸福了！

能爱人和被人爱是幸福美好的，而美好的东西不一定非要天长地久才值得你曾经拥有啊！

水九推荐电影

《爱你，罗茜》（*Love, Rosie*），2014

有一种一定要学会的能力，就是告诉别人你真正的感觉。

One ability that we should all have, is telling people how we really feel.

罗茜（Rosie，莉莉·科林斯饰）与亚历克斯（Alex，山姆·克拉弗林饰）是从5岁就认识的一对好朋友，虽然对彼此都有好感，但在命运的捉弄之下，两人却一直没有让他们的友情发展成爱情。每当其中一方想要采取行动时，总是发现对方另有对象，或是时机不对。于是，后来罗茜成了单亲妈妈，而亚历克斯便在不知情下离开了家乡，去追求自己的梦想。

其实，他们不是没有过在一起的机会，但双方都因为不肯说出心中真正的感受，而让另一个人误会，认为对方并不想要更进一步。不管是罗茜看到亚历克斯约了别的女生去舞会，或是当亚历克斯得知罗茜要结婚的消息，都是双方应该表明心意的时候，但两人都因为矜持而错过了。然而，两人看似是平行线的世界，却有一种奇妙的缘分，似有若无地将他们连在一起，在绕了一圈又一圈之后，两人终于还是回到了彼此身边。

虽然这部电影很浪漫，但我觉得罗茜与亚历克斯其实不需要经历这么多波折的。如果他们愿意跟随自己的心，将爱的感觉化作爱的行动——爱，就是要大声告诉他呀！老是要让对方猜测你的心意，只会让彼此之间的隔阂变深。别等到他要离开了，你才想到要告诉他心中真正的想法！

水丸说：明明希望被理解，却又害怕被看穿；心口不一的结果，就是错过许多机会，事后再自怨自艾。

《我的少女时代》里，女主角林真心在向徐太宇传授追女秘诀的时候，曾经分享过少女常表现出的一种矜持：**“女生啊，是很难捉摸的，我们说没事，就是有事，没关系，就是有关系！”**

但说真的，这道理对男生们来说未免也太深奥。

人是一种很矛盾的生物，心中所想的与表现出来的，常常是全然不同的两回事。

所以，如果不想一直后悔，就学着表达自己心中真正的感觉吧，就算真的被对方拒绝，至少你得到了明确的答案，而不是连自己输在哪里都不知道！

相信缘分，不代表不需要追求；毕竟想要得到幸福，不能光靠等待。

You believe in fate doesn't mean you don't have to pursue. Happiness is not something you get simply by waiting.

同场加映

《遇见你之前》（*Me Before You*），2016

一生一定要为了自己勇敢一次，再为了对方坚强一次。

We should all for once be brave for ourselves, and for once be strong for another.

22 你想要的，和你需要的

众多爱情电影都不断重复播放一种信息——那就是爱情可以让人得到幸福。电影中的男女主角，全都从此过着幸福快乐的日子，留给所有观众美好的想象、幸福的影像。因此，现实生活中存在许多仍在寻寻觅觅的人，也存在许多羡慕着别人出双入对，而自己仍孤家寡人的单身一族。

然而，“单身”难道就一定是坏事吗？一定非得要有个伴才能够过得幸福吗？

水某推荐电影

《单身指南》（*How to Be Single*），2016

不要因为不想一个人，就随便拥抱另一个人。

Don't throw yourself into the arms of someone just because you can't stand being alone.

大学时期，艾丽丝（Alice，达珂塔·强生饰）就和男友乔西（Josh，尼可拉斯·博朗饰）在一起了，虽然很爱他，但艾丽丝希望能在两人的关系定下来之前，好好享受一下单身的感觉，于是艾丽丝来到纽约，投靠事业成功的大龄单身姐姐梅格（Meg，莱斯利·曼恩饰），并且认识了周旋在众男人之间的罗宾（Robin，瑞贝尔·威尔森饰）以及不断通过交友网站，想要终结单身的轻熟女露西（Lucy，爱丽森·布里饰）。

这四个女生有着天差地别的爱情观，面对单身的态度也很不一样：姐姐梅格性格独立，比起爱情更注重事业，却在孤军奋斗时发现，原来被人照顾的感觉是那么的幸福。罗宾只想及时行乐，单身是她奉行不悖的人生宗旨，似乎没有人能够改变她的想法。轻熟女露西迫切地想要找到真爱，却对另一半有太多的期待和要求。

年轻迷惘的艾丽丝则在渴望自由却又不甘寂寞中挣扎摸索着。虽然遇见了三个条件都很好的男生，最后出乎意料地都没有好的结果，然而这个追求幸福的过程却让她认清了自己——她认清了，与其时时刻刻烦恼着要和谁在一起，不如多花点时间和自己对话，享受和自己相处的每一刻。

水某说：很多人不喜欢单身，是因为他们把单身和寂寞画上了等号。

很多单身一族一点也不寂寞，因为单身不过就是没有和一个固定的人维持感情上的关系而已。

其实单身是一种状态，是一个人的独处，也是跟自己相处的机会，有时候看上去可能是有些寂寞。然而，寂寞是一种心态，有些人因为不想独自一个人，所以就找另一个人来填补空虚的感觉，但就算是相爱的两个人，也可能因为一些隔阂而感到寂寞。

所以，重要的不是你当下为这些感受所作的反应，而是在反应之后，你还能不能认清真正的自己——什么是你想要的，什么又是你真正需要的？

《地心引力》（*Gravity*），2013

不是每个人都能忍受孤单，但每个人都应该学会与自己独处。

Not everyone likes being alone, but everyone should learn how to be with themselves.

水九推荐电影

《龙虾》（*The Lobster*），2015

单身并不可怕，可怕的是过着不能忠于自己的人生。

Being single isn't scary, living a life against your own will is.

在未来的一个乌托邦社会里，单身不只受到歧视，甚至是被禁止的。不管你是丧偶还是被劈腿，只要你没有伴侣，就会被强制送到一间饭店里，限期在45天内找到合适的另一半，否则就会被变成一只你指定的动物！另外有一些人逃离了这样的城市，在森林中组成了“孤独者”（The Loners）的社会，享受着单身的自由。相对地，在这个社会也有像是：禁止谈恋爱及不允许任何亲密接触等的规定。

故事一开始，男主角大卫（David，柯林·法瑞尔饰）因为妻子出轨而被迫来到饭店，并在配对失败后，逃离饭店加入了孤独者们，却在那里遇见了一位颇为契合、有着严重近视的女子（Short Sighted Woman，蕾切尔·薇姿饰）。然后两人在两种体制下奋力求生，并试图找出自己内心真正的想法，做出忠于自己的最后决定。

电影中两派主义人马都各自有一套说法与规范，也把自己那一套像是枷锁一样强加在各自的社群里面，“这样做才是对的”“一切都是为了你好”催眠似地想说服所有的人。然而，人哪能一直这么极端，人生的选择也不可能只有两种，于是各种荒谬的事情开始发生；为了要配得上一个常流鼻血的女人，所以只好撞破鼻子流鼻血；本来信奉单身的两人互相喜欢上了对方，却只能用说谎的方式欺骗所有的人……

水尢说：幸福没有标准答案，只有心甘情愿的选择，才是属于你的真正幸福！

想要结束单身的人不在少数，原因不外乎：受不了长辈压力、担心年纪越来越大了、忍受不了寂寞，或是害怕外界的异样眼光……

然而，比起上述的那些压力，我更害怕你仓促地和一个不喜欢的人在一起，然后勉强自己过着你不想要的人生。

《龙虾》中的男主角一开始被问到想要变成的动物时，他选的是“龙虾”，因为他觉得龙虾长寿、性功能健全、可以在大海中徜徉，呼应了他心目中的人生方式。后来当他爱上了失去视力的女主角，他也表示愿意刺瞎自己的双眼好和她配对，虽然是另一种人生，仍然是由他做主的“选择”。

无论是什么在驱使你做“选择”，要知道人生也不仅仅是“选择”而已。当你深深地相信自己值得拥有幸福、最后一定能够得到幸福，你就不会再害怕做选择，也不会后悔你的选择了！

同场加映

《40 岁的老处男》（*The 40-Year-Old Virgin*），2005

如果想要天长地久，
就别急着马上拥有。

I want it to last forever, and that's why I'm as patient as ever.

《剩者为王》（*Last Woman Standing*），2015

爱随时可能出现，
所以要尽力让自己更美好。

Try to be better at all times, because love can show up at any time.

同场加映 《奋斗的乔伊》（*Joy*），2015

孤立无援不一定是坏事，那正是认清自己最好的时候。

Being on your own is not necessarily a bad thing; sometimes that's the only way to understand what you are made of.

23 因为喜欢，所以试着去了解

“他婚前的个性，在结婚以后一点也没变！”每次听到有人说出这样的话，我们都会觉得眼前一黑，头上飘着无数问号，很想反问对方：“那么你的个性变了吗？”如果你坚持对方在结婚后会依照你的想象和期待变成另外一个人，那么我们真的很想问：“当初和你结婚的那个人，你真的了解他吗？”

难道，你是和你想象中的理想对象结婚了吗？

水某推荐电影

《新婚告急》（*Just Married*），2003

爱情是盲目的，但婚姻却会让你大开眼界。

Love is blind, but marriage will force open your eyes.

和很多热恋中的男女一样，莎拉（Sarah，布莱特妮·墨菲饰）和汤姆（Tom，阿什顿·库彻饰）觉得两人在一起的时间怎样都不够，所以即便才交往 9 个月，身份背景悬殊，女方家庭也反对，都没能阻挡两人结婚的决定。然而，在两人甜蜜期待的蜜月旅行中，却接连发生了让人哭笑不得的状况：在飞机上亲热却撞伤空姐；在旅馆里导致大停电被赶出去；被超大蟑螂攻击；闹起别扭，甚至还误会对方偷情，最后不欢而散！

经历了像是一场灾难的蜜月旅行后，两人回到各自的家中，静下心反省着，各自尝到了莽撞及冲动行事的苦涩滋味，同时，又想起两人是如何被对方吸引才在一起的……当他们领悟了婚姻是需要经营的，汤姆立即主动到莎拉家门口向她重新表达心意，再一次打动了莎拉，两人才决定再给这个婚姻一次机会。

虽然浪漫是让一段感情维持热度的调味料，但婚姻是一辈子的事，不能只靠甜言蜜语和鲜花蜡烛来维持。热恋时你觉得对方再多的缺点也能够接受，但请问问自己，你能够接受的是一天、两天，还是 30 年、40 年？婚姻不能像是竞赛定要分出胜负，婚姻比较像是两人结伴而行的马拉松，彼此并肩齐步往前跑，并相互扶持到人生终点。

水某说：婚姻是给你一个机会，爱上一个人的全部。

我和水尢一起旅游时，和这部电影中的男女主角有点像，也各自有不一样的关注焦点。例如，我很喜欢参观博物馆，也喜欢充满文化历史背景的景点，而水尢则喜欢尝试美食，对于可以放松心情的地方比较感兴趣。

我们的蜜月旅行地点是巴黎。巴黎的卢浮宫是我一直梦寐以求的地方，当我饶富兴味地细细浏览卢浮宫内的展品时，水尢却在一旁一直嚷着要快点去找东西吃。当时的我没有耐心哄他，就对他说："你要是觉得无聊就回旅馆，我自己在这里看！"

此时，水尢立刻安静了下来，自己到一旁的板凳上坐着等待。过了一会儿，我发现水尢身上多了一台导览机，他也开始观赏卢浮宫内的一件件展品，不再吵着要离开，因此我开心地度过了一个充实的下午。

当天晚上，我好奇地问了水尢，是什么让他突然改变心意，他说：“因为我想要了解是什么能够让你这么喜欢、这么专心……其实去尝试以后，还真的很有趣的！”

他的答案让我每次想到都觉得感动——像这样因为另一半喜欢，所以自己也试着去了解，这不就是除了爱情，我们可以从对方身上得到的其他收获吗？

水九推荐电影

《史密斯夫妇》（*Mr. & Mrs. Smith*），2005

感情的最高境界，是做到各自坚强，但又互相依赖。

A relationship is at its best when two individuals are strong on their own as they rely on each other.

布拉德·皮特（Brad Pitt）和安吉丽娜·朱莉（Angelina Jolie）曾是好莱坞一对银屏夫妻，当年的这部电影正是促使两人最后在一起的关键作品。在影片中两人饰演一对隶属于不同组织的顶尖杀手，但双方却不知道彼此的秘密身份，以为对方就只是和自己有着相同爱好的人。或许，是在对方身上看到了自己的影子，他们一见面就深深地为对方着迷，两人就这样对彼此隐藏了真实身份，很快就结了婚。

后来两人发现了对方的秘密，并在组织的命令下试着杀死对方，却因为深爱着对方而下不了手。然而，作为一个杀手，让另一个杀手生活在身边，是违反了杀手守则与专业训练的事，等于是把性命交给了对方。最终两人对彼此的爱与信任胜过了一切，并联手抵挡了组织的追杀，守住了两人的婚姻。

当然我们一般的生活之中，不会像电影一样动不动就拿刀拿枪，但是这部电影所呈现的婚姻关系却让我十分向往。两人各自作为冷血杀手时都十分出色顶尖，也热爱自己的工作，后来为了能有更多的力量守护对方，他们也努力让自己更强大——而那一份守护彼此的心意，就是让他们更加坚强的最大动力。

水尤说：我们心目中的理想婚姻，就是当两个人能够保有自己的人生的同时，一起打造出一段新的人生。

我们有一群读者也进入了婚姻的阶段，其中有些人来信告诉我们，婚姻生活让他们牺牲了一切……有人辞掉了工作，有人离开了社交圈，甚至有人 24 小时全身心投注在家庭上！但就算如此，自己的付出却被看作是理所当然，不仅没有得到感谢，还被嫌东嫌西，让他们觉得心灰意冷！

首先，不管在哪一种关系里面，没有人应该被牺牲！千万不要自以为自己可以牺牲，也没有人可以心甘情愿做到这一点，而完全没有怨怼的。

在婚姻里面，在家庭生活里面，共同分担与彼此依靠，唯此而已。然后你选择你付出的方式，在其中找到平衡点，互相站在对方的立场着想，这样，也许你就不会感觉失去自我了！

其实，越复杂的问题要越简单去想，在此提供一个我和水某相处的秘诀，很简单的，你也可以做到的——那就是，让自己生活在感谢中！

试着让两人都练习将心中的感谢说出口，每天都说。想想看，我们可能会因为一些鸡毛蒜皮的小事而发生争执，但我们也常常因为一个小小的贴心举动而感动一辈子，不是吗？

同场加映

《四十而惑》（*This is Forty*），2012

生活并不完美，但生活中总是有许多完美的时光。

Life isn't perfect, but there are lots of perfect moments in life.

最浪漫的爱，不是罗密欧与朱丽叶的生死相随，而是老爷爷与老奶奶的白头偕老。

The most romantic love isn't Romeo & Juliet dying together, but grandpa and grandma growing old together.

同场加映

《风月俏佳人》（*Pretty Woman*），1990

总有一天你会遇到那个，不在乎你过去的人。因为他想要的，是跟你一起共度的未来。

You are destined to meet someone who doesn't care about your past, for it's your future that he wants to share with you.

24 爱，到底谁说了算？

2015年我们最爱的电影《星际穿越》（*Interstellar*）中有一句话：**“这世上唯一能够穿越时间与空间的，就是爱。”**（**Love is the one thing we're capable of perceiving that transcends time and space.**）第一次听到这句话时，心情马上激昂了起来。

无论是在顺境、逆境中，或是在教条礼法的层层禁锢中，就算是在罪恶深渊中，我们都可以见到爱的踪影……因为爱就算看不见也摸不到，却是最真实不过的存在！

水某推荐电影

《丹麦女孩》（*The Danish Girl*），2015

你所追求的幸福不在任何人眼中，
而是存在于彼此心中。

The happiness you seek exists in your hearts, not in the eyes of others.

莉莉·艾尔比（Lili Elbe，埃迪·雷德梅恩饰）是一位勇敢的丹麦女孩，除了才华横溢之外，她更是世界上最早接受性别重置手术的人之一。出生时是男性的她本名叫做艾纳·韦格纳（Einar Wegener），是一位心思细腻又多愁善感的画家，他和同为画家的妻子格尔达（Gerda，艾丽西亚·维坎德饰）十分相爱。某次在替妻子当模特儿时，艾纳穿上了女装，试着模仿女性的神态举止……最初两人只把这件事当作夫妻之间的情趣，还替女装打扮的艾纳取了个名字叫作“莉莉”，没想到“莉莉”意外触动了艾纳深藏在心底，连他自己都不知道的秘密。

“莉莉”成为艾纳心中迫切想要成为的身份，然而碍于世俗眼光和自己的心理障碍，艾纳只能把“莉莉”藏在自己的心里。格尔达一开始对于艾纳的举动感到不解与生气，但看到艾纳为了压抑对“莉莉”的渴望及对妻子的罪恶感，快要被折磨得不成人形时，她才惊觉——“莉莉”才是艾纳灵魂真正的模样！心疼不已的她，决定放弃艾纳作为她“丈夫”的渴望，选择了支持她所深爱的那个人……不管他是艾纳，还是“莉莉”。

故事的最后，莉莉在一次手术之后不幸过世，离世的前一刻告诉格尔达自己有多幸运能遇到她，然后在心爱的妻子和挚友的陪伴之下安详地走了。或许命运在莉莉身上开了一个天大的玩笑，把莉莉的灵魂装到了一个错的身体中，但这并没有阻止她追求真正的自我，她不在意世人能否理解，因为有格尔达能够理解就已经足够了。对格尔达来说，失去艾纳虽然是个打击，但她却得到了莉莉。她们不需要别人来认同，因为她们比任何人都相爱。

水某说：无私地让另一半得到自由，让两人的爱超越世俗男女……成为真爱！

虽然饰演莉莉的奥斯卡影帝埃迪·雷德梅恩在这部片中，再次将演技发挥得淋漓尽致，但比起莉莉追求自我的勇气，格尔达的理解及相伴到最后，才是最让我感动的地方！

在发现丈夫竟然想要成为女人的真相时，格尔达一度埋怨过艾纳，甚至很后悔自己当初为什么要让艾纳变装。但是，当她看到艾纳变成莉莉时的那种发自内心的快乐时，她才明白——如果真正爱一个人，对方的快乐才是最重要的！

莉莉去世后，格尔达还为了再多了解她一点，去到她出生的家乡。格尔达站在悬崖上眺望着莉莉曾经最爱的景色，这时，一阵强风将莉莉遗留的丝巾吹向空中……当朋友正打算去追时，却被格尔达阻止了，看着随风远去的丝巾，格尔达眼中含着泪水，笑着说：**“让她飞吧。”**（Let her fly）。

水九推荐电影

《单身男子》（*A Single Man*），2008

心痛是一种爱的证明，证明自己的爱，从来都不是幻影。

Heartache is a proof of love. It proves that your love was never just a fantasy.

生活在20世纪60年代的乔治（George，科林·费斯饰）和吉姆（Jim，马修·古迪饰）是一对相恋了16年的同志爱人，虽然来自社会的异样眼光没有停过，但两人真挚的爱却总能抚慰彼此的心。然而，一场车祸意外地夺走了吉姆的生命，被迫面对现实的乔治虽然力图振作，但日复一日的折磨，还是让乔治崩溃了，他决定结束这看似失去意义的人生。

11月30日这一天，乔治计划要自杀，他试图在这一天的日常中找出一种美感，而他和吉姆16年来的美好回忆，就这样穿插出现在这一天发生的大小事中。这一天，他拜访了有过一段情的红颜知己查莉（Charley，朱丽安·摩尔饰），也和一位初次见面的西班牙牛郎互诉心事，又和一位仰慕他的学生肯尼（Kenny，尼古拉斯·霍尔特饰）共度了一个夜晚……之后终于改变了心意。

一直以来都以理智生活着的乔治，挚爱的离世让他的人生失去意义，然而在他决定人生已经到最后的这一天，他解放了理智，用心去感受了一切。情感取代了理智成为乔治的救赎；肯尼无畏又直接地尝试打开乔治的心房，让乔治再次感受到那种以为自己早已忘记了的、被爱的感觉。此时他明白了，心痛并不是折磨，而是一种自己还有能力去爱的证明。

水九说：只要你的心还能感受爱、还能感受痛，那你就有能力去爱和被爱。

在爱情面前的你和我，暧昧的时候会害怕、激动，遇到真爱会奋不顾身，失去挚爱时会椎心刺痛。你和我没有什么不同。然而，我们很惊讶地发现，有些同志读者竟会怀疑自己是不是有资格追求爱。

《单身男子》这部电影对于爱情的描述非常唯美，纯粹到让人看了都心痛。贯穿整部电影的一个理念就是，别只让你的理智主导一切。

有太多的人为情所困，就是因为太过在意那些表面的界限和规范。爱，不能让人用头脑想清楚；爱，要用一颗心去感受、去痛。

心痛和心动一样，都是一种爱的证明，证明爱并不是一件虚幻的东西，更不是只有特定的人才能追求，那是每个人都能拥有的，一种平衡生命的美好力量。

《模仿游戏》（*The Imitation Game*），2014

不懂你的人为你的成就喝彩，懂你的人为你的付出心疼。

Those who don't understand you cheer at your success, those who do are saddened by the price you paid.

同场加映

《被拒人生》(*Freeheld*),2015

为了心爱的人奋斗虽然辛苦,
却永远值得。

Fighting for loved ones may be a long battle, but it's worth every while.

25 爱情向前走！

现代社会，很多女生有志于追求事业上的成功，因此改变了许多伴侣之间的相处方式，越来越多的现代女性，辛苦地在两性平等以及家庭职场间找寻平衡。

很多读者来信苦恼地说：“我男朋友总是抱怨我忙着工作不陪他”“我老公虽然嘴上不说，但心里却很在意我赚得比他多”“我的梦想和他的梦想，势必有一个人要放弃 ”……虽然，相对于不同的个人，不可能只用一个方法就能减轻所有人的苦恼，但我们可以试着去看看，别人都怎么做？

水某推荐电影

《实习生》（*The Intern*），2015

再坚强的人，偶尔也需要一个可以依靠的肩膀。

No matter how strong we are, we all need a shoulder to cry on from time to time.

安妮·海瑟薇（Anne Hathaway）在2006年演出《穿普拉达的女王》（*The Devil Wears Prada*）后再次回到了时尚圈，这次她扮演的不再是当年那个小助理，而是摇身一变成为庞大线上服装购物网站的创办人。这个只花了朱尔斯（Jules）18个月就打造出来的新创公司是她的心血结晶，也是她的梦想。她的丈夫为了要让朱尔斯无后顾之忧，辞掉了高薪的工作，在家做一个家庭主夫，打点朱尔斯和小女儿的生活起居。

好景不长的是，丈夫因为无法忍受朱尔斯长期将工作摆在第一而出轨了！发现丈夫偷情的朱尔斯表面上装作若无其事，其实内心很彷徨、动摇……一方面她对丈夫多多少少感到愧疚，另一方面她又必须稳住情绪，不让公司运作受到影响。为了要挽回家庭，朱尔斯一度想要将一手打造的公司委托给他人管理，多抽点时间陪伴家人。

要做出这个决定得非常勇敢，因为这就代表朱尔斯要牺牲她的梦想。这时公司里的一位银发实习生（Ben，罗伯特·德尼罗饰）知悉了她的心思，给予朱尔斯适时的陪伴及中肯的建议，才让朱尔斯清楚了自己真正想要的。庆幸的是，丈夫也及时悔悟，并恳求朱尔斯千万不能因为他一时的迷失，而放弃了重要的梦想……

水某说：因为有想要达成的目标，相对的就要付出可观的代价！

每次看到读者诉说这类的苦恼，都会让我感同身受，我和影片中的朱尔斯其实有点像，也为了追求梦想正在职场上力拼着。

常常，我有无数的夜晚和周末在加班中度过，而水尢对于工作及生活较为顺其自然，所以还能适应我这样的生活模式，但还是会有不合乎对方期待的时候，发生争执是难免的。比如周末时水尢就想往外跑，而我只想在家看书睡觉；或者是家务事的分工等。

但每次冲突过后，我们会提醒对方共同的、长远的目标，以及相许相伴的幸福未来，每一个让共同目标无法达成的事，都是需要加强沟通的事。

所以，我们应该尝试在梦想和爱情中找到平衡、付出努力，双方都应该陪伴身旁、体贴对方；只要我们常常打从心里表达感谢，不将对方的付出视为理所当然，那么两人就能一直找到平衡了。

《时空恋旅人》（*About Time*），2013

幸福与快乐的秘诀，在于懂得细细品尝人生中一切的美好细节。

The secret to happiness lies in savoring all the beautiful details in life.

水九推荐电影

《杜拉拉追婚记》（*Go Lala Go*），2015

有些时候幸福靠的不是争取，而是珍惜。

Sometimes the best way to get happiness isn't to fight for it, but to cherish it.

杜拉拉（林依晨饰）是一个 33 岁的职场女强人，经过多年的努力之后终于有了升迁的机会，却遇到了一个非常难搞的新老板。让她同样烦恼的，还有交往已经 5 年的男友摄影师王伟（周渝民饰），总是以事业还没成功为由，迟迟不肯向她求婚。而就在拉拉的工作与爱情看似同时陷入困境，耐心也快消磨殆尽时，却出现了一位年轻有为的高富帅陈丰（陈柏霖饰）对拉拉展开热烈追求。

杜拉拉要面对的不仅仅是爱情和梦想两者的抉择，在情场上，虽然她爱的是王伟，但陈丰却能给拉拉想要的婚姻承诺；在职场上，她看似熬出了头，却面对着上司与下属的夹杀。于是，一直都以为幸福是“只要争取，就能得到”的拉拉开始感到心力交瘁，最后她的选择却出乎所有人的意料——通通都放弃了！拉拉拒绝了陈丰的求婚，也辞去了刚刚得到升迁的经理职位，最后也没有和王伟恢复联络。

接下来的日子，拉拉回归本心，从头检视自己的人生之后才发现，自己要的幸福其实一直都在，只是因为忙着追求前方那些看似更美好的虚幻而忽略了。此时她明白了，幸福不一定要靠争取，更多时候靠的是珍惜而已。

水尢说：我们可以做到的也许只有“找到平衡”。

《实习生》是一个圆满兼顾爱情与梦想的故事，这种可以两全其美的结局，在现实生活中是凤毛麟角。《杜拉拉追婚记》里的杜拉拉则是在放弃一切后，才懂得这个平衡是什么。

然而争取也好、珍惜也罢，幸福是每个人都想要拥有的，但在追求幸福的过程中，请不要忘了你心目中原来幸福的样子，否则你拼尽了全力去追，追到之后也可能尽是失望而已呀！

《乌云背后的幸福线》（*Silver Linings Playbook*），2012

真爱不是用找的，是用打造的。

True love isn't found, it's built.

图书在版编目（CIP）数据

那些电影教我的事 / 水九，水某著. — 成都：四川科学技术出版社，2017.8
ISBN 978-7-5364-8668-3

Ⅰ. ①那… Ⅱ. ①水… ②水… Ⅲ. ①爱情－通俗读物 Ⅳ. ①C913.1-49

中国版本图书馆CIP数据核字(2017)第197504号

原书名：《那些电影教我的事 II》 水九、水某 著
中文简体字版 © 2017 年由光明书架（北京）图书有限公司发行
本书经城邦文化事业股份有限公司【商周出版】授权，同意经四川一览文化传播广告有限公司代理，由光明书架（北京）图书有限公司出版中文简体字版本。非经书面同意，不得以任何形式任意重制、转载。

那些电影教我的事

NAXIE DIANYING JIAOWO DE SHI

著　　者　水九　水某

出 品 人　钱丹凝
责任编辑　张枫霖　肖伊
封面设计　张福海
插　　画　水晶孔
责任出版　欧晓春
出版发行　四川科学技术出版社
成都市槐树街2号　邮政编码 610031
官方微博：http://e.weibo.com/sckjcbs
官方微信公众号：sckjcbs
传真：028-87734039
成品尺寸　145mm × 210mm
印　　张　9.5　字数160 千
印　　刷　北京大运河印刷有限责任公司
版　　次　2017年11月第 1 版
印　　次　2017年11月第 1 次印刷
定　　价　45.00元

ISBN 978-7-5364-8668-3

邮购：四川省成都市槐树街2号　邮政编码：610031
电话：028-87734035